Ρήξη

Βρίσκοντας τις πραγματικές σας
δυνατότητες σε έναν κόσμο που αλλάζει

Dan Desmarques

22 Lions

Ρήξη: Βρίσκοντας τις πραγματικές σας δυνατότητες σε έναν κόσμο που αλλάζει

Γράφει ο Dan Desmarques

Ευρετήριο

Εισαγωγή

Το βιβλίο Ρήξη: Βρίσκοντας τις πραγματικές σας δυνατότητες σε έναν κόσμο που αλλάζει είναι ένας μεταμορφωτικός οδηγός που δίνει στους αναγνώστες τη δυνατότητα να αντιμετωπίσουν τις προκλήσεις της ζωής και να ξεκλειδώσουν τις κρυμμένες δυνατότητές τους σε έναν συνεχώς εξελισσόμενο κόσμο. Αυτό το πρωτοποριακό βιβλίο προσφέρει έναν ισχυρό οδικό χάρτη για την προσωπική εξέλιξη, εμβαθύνοντας στην πολυπλοκότητα της ανθρώπινης φύσης, των κοινωνικών δομών και του ραγδαία μεταβαλλόμενου τοπίου της τεχνολογίας και της τεχνητής νοημοσύνης. Μέσα από συναρπαστικές ιστορίες, πρακτική σοφία και ιδέες που προκαλούν σκέψη, οι αναγνώστες θα

1. Μάθουν να ξεπερνούν τις περιοριστικές πεποιθήσεις και να απελευθερώνονται από τους κοινωνικούς περιορισμούς.

2. Ανακαλύψουν τη δύναμη της κριτικής σκέψης και του αυτοαναστοχασμού.

3. Αξιοποιήστε τις δυνατότητες των αναδυόμενων τεχνολογιών, όπως η τεχνητή νοημοσύνη, για προσωπική ανάπτυξη.

4. Αναπτύξτε ανθεκτικότητα και προσαρμοστικότητα απέναντι στις αντιξοότητες.

5. Καλλιεργήστε ουσιαστικές σχέσεις και δημιουργήστε ένα δίκτυο υποστήριξης.

6. Ευθυγραμμίστε τις προσωπικές αξίες με τις επαγγελματικές φιλοδοξίες για ολιστική επιτυχία.

Είτε είστε ένας έμπειρος επαγγελματίας που αναζητά νέα ύψη είτε ένα άτομο που βρίσκεται σε σταυροδρόμι, το Ρήξη παρέχει τα εργαλεία και την έμπνευση που χρειάζεστε για να αγκαλιάσετε την αλλαγή, να ξεπεράσετε τα εμπόδια και να αξιοποιήσετε πλήρως τις δυνατότητές σας. Αυτό το βιβλίο προκαλεί τους αναγνώστες να αμφισβητήσουν τη συμβατική σοφία, να αντιμετωπίσουν άβολες αλήθειες και να ξεκινήσουν ένα ταξίδι αυτογνωσίας και ενδυνάμωσης.

Σε έναν κόσμο όπου η αλλαγή είναι η μόνη σταθερά, το Ρήξη χρησιμεύει ως απαραίτητος οδηγός για όσους είναι πρόθυμοι να εξελιχθούν, να προσαρμοστούν και να ευδοκιμήσουν. Μην επιβιώνετε απλώς σε αυτόν τον μεταβαλλόμενο κόσμο - μάθετε να ευημερείτε και να αφήνετε το στίγμα σας. Το ταξίδι της προσωπικής σας μεταμόρφωσης αρχίζει εδώ.

Ανακαλύψτε τα μυστικά για να συνειδητοποιήσετε τις πραγματικές σας δυνατότητες και να δημιουργήσετε μια ζωή με σκοπό και ολοκλήρωση. Περισσότερο από ένα απλό βιβλίο, το Ρήξη είναι ένας καταλύτης αλλαγής που θα σας εμπνεύσει να φτάσετε σε νέα ύψη και να πετύχετε την επιτυχία που πάντα ονειρευόσασταν.

Κεφάλαιο 1: Ο αρχιτέκτονας της δικής σας αφήγησης

Ένα από τα πιο σημαντικά μαθήματα που έμαθα είναι ότι οι αντιλήψεις και τα στερεότυπά μας μπορούν να μας εμποδίσουν να αξιοποιήσουμε πλήρως τις δυνατότητές μας. Συχνά περιορίζουμε τους εαυτούς μας με βάση το τι πιστεύουν οι άλλοι ότι είμαστε ικανοί να κάνουμε, αντί να αναγνωρίσουμε τη δική μας εσωτερική αλήθεια.

Όταν αρχίζουμε να αμφισβητούμε αυτές τις αντιλήψεις, ανοίγουμε τους εαυτούς μας σε νέες δυνατότητες και εμπειρίες που μπορούν να οδηγήσουν στην προσωπική ανάπτυξη και ενδυνάμωση. Είναι μια διαδικασία απογύμνωσης των στρωμάτων των ψευδών υποθέσεων και των κοινωνικών προσδοκιών για να αποκαλύψουμε το ακατέργαστο, απεριόριστο δυναμικό που κρύβεται από κάτω.

Η πράξη της αμφισβήτησης των αντιλήψεών μας μάς ανοίγει σε έναν κόσμο δυνατοτήτων που μπορεί προηγουμένως να θεωρούσαμε ανέφικτες.

Η εκπαίδευση και η κριτική σκέψη διαδραματίζουν κεντρικό ρόλο σε αυτή τη διαδικασία προσωπικού και κοινωνικού μετασχηματισμού, χρησιμεύοντας ως ισχυρά εργαλεία που μας επιτρέπουν να αμφισβητούμε τις πεποιθήσεις μας, να αμφισβητούμε τις υποθέσεις μας και να αναζητούμε νέες πληροφορίες.

Μέσω της εκπαίδευσης, διευρύνουμε τους ορίζοντές μας και εκτεινόμαστε σε διαφορετικές προοπτικές και ιδέες. Αυτή η διεύρυνση του νοητικού μας τοπίου μας επιτρέπει να βλέπουμε πέρα από τις άμεσες περιστάσεις μας και να φανταζόμαστε νέες δυνατότητες για τον εαυτό μας και τον κόσμο μας. Αλλά χωρίς κριτική σκέψη, η εκπαίδευση δεν έχει νόημα.

Η κριτική σκέψη είναι μια ανεκτίμητη δεξιότητα στο ταξίδι της προσωπικής μας ανάπτυξης. Μας επιτρέπει να αναλύουμε αντικειμενικά τις πληροφορίες, να αξιολογούμε διαφορετικές απόψεις και να διαμορφώνουμε τις δικές μας προοπτικές με βάση τα στοιχεία.

Με την τελειοποίηση των δεξιοτήτων κριτικής σκέψης, είμαστε καλύτερα εξοπλισμένοι για να περιηγηθούμε στις πολυπλοκότητες της ζωής και να λαμβάνουμε αποτελεσματικές αποφάσεις που συνάδουν με τον αυθεντικό μας εαυτό, αντί να ακολουθούμε τυφλά τους κοινωνικούς κανόνες ή τις προσδοκίες που βασίζονται σε συνηθισμένες απόψεις και συμβάσεις.

Επιπλέον, η εξάσκηση της κριτικής σκέψης μας βοηθά να εντοπίζουμε και να αμφισβητούμε τις δικές μας προκαταλήψεις. Όλοι μας κουβαλάμε ασυνείδητες προκαταλήψεις που διαμορφώνονται από την ανατροφή, τον πολιτισμό και τις εμπειρίες μας. Καλλιεργώντας τη συνήθεια να αμφισβητούμε τις υποθέσεις μας και να αναζητούμε διαφορετικές προοπτικές, μπορούμε να αρχίσουμε να ξεδιαλύνουμε αυτές τις προκαταλήψεις και να αναπτύξουμε μια πιο διαφοροποιημένη και ενσυναισθητική κατανόηση του κόσμου και των ανθρώπων γύρω μας.

Αυτή η διαδικασία της διεύρυνσης του μυαλού μας και της αμφισβήτησης των προκαταλήψεών μας δεν είναι πάντα άνετη. Συχνά απαιτεί να αντιμετωπίσουμε άβολες αλήθειες για τον εαυτό μας και την κοινωνία μας. Ωστόσο, μέσα από αυτή τη δυσφορία συντελείται η πραγματική ανάπτυξη.

Όταν διευρύνουμε τα όρια της ζώνης άνεσής μας, δεν εξελισσόμαστε μόνο ως άτομα, αλλά συμβάλλουμε και στην εξέλιξη της κοινωνίας μας στο σύνολό της.

Κάθε πρόκληση που αντιμετωπίζουμε, κάθε αλλαγή που αγκαλιάζουμε, κάθε νέα προοπτική που συναντάμε έχει τη δύναμη να αναδιαμορφώσει την αντίληψή μας για τον εαυτό μας και τον κόσμο γύρω μας. Αυτές οι εμπειρίες, θετικές και αρνητικές, χρησιμεύουν ως πρώτη ύλη από την οποία πλάθουμε τις προσωπικές μας αφηγήσεις και διαμορφώνουμε την ταυτότητά μας.

Όταν προσεγγίζουμε τις προκλήσεις της ζωής με ανοιχτό μυαλό και διάθεση για μάθηση, μετατρέπουμε τις δυσκολίες σε ευκαιρίες για ανάπτυξη. Κάθε εμπόδιο γίνεται μια ευκαιρία να αναπτύξουμε ανθεκτικότητα, κάθε αναποδιά μια ευκαιρία να επανεκτιμήσουμε και να αναπροσανατολίσουμε την πορεία μας.

Κατά τη διαδικασία αυτή, γινόμαστε οι αρχιτέκτονες των δικών μας αφηγήσεων. Σταματάμε να είμαστε παθητικοί αποδέκτες των συνθηκών της ζωής και αρχίζουμε να διαμορφώνουμε ενεργά τις ιστορίες μας, δίνοντάς τους νόημα και σκοπό. Οι μοναδικές μας εμπειρίες, οι αντιλήψεις μας και η ανάπτυξή μας γίνονται κλωστές στο τεράστιο και πολύχρωμο μωσαϊκό της ανθρώπινης ύπαρξης.

Κάθε μια από τις ιστορίες μας συμβάλλει στη συλλογική αφήγηση της ανθρωπότητας, εμπλουτίζοντάς την με τις ατομικές μας προοπτικές και γνώσεις. Να θυμάστε ότι κάθε εμπειρία, είτε χαρούμενη είτε δύσκολη, περιέχει τους σπόρους της μεταμόρφωσης και της ανάπτυξης.

Καλλιεργήστε μια στάση ανοιχτότητας και ευελιξίας. Να είστε πρόθυμοι να αμφισβητήσετε τις υποθέσεις σας, να αμφισβητήσετε τους περιορισμούς σας και να εξερευνήσετε νέες δυνατότητες. Αναζητήστε ποικίλες εμπειρίες και προοπτικές που μπορούν να διευρύνουν την κατανόησή σας για τον εαυτό σας και τον κόσμο. Να επιδίδεστε σε συνεχή μάθηση και αυτοαναστοχασμό, προσπαθώντας πάντα να διευρύνετε τις γνώσεις σας και να εμβαθύνετε την αυτογνωσία σας.

Θα υπάρξουν στιγμές αμφιβολίας, αναποδιές και προκλήσεις, αλλά μέσα από αυτές τις προκλήσεις ανακαλύπτουμε τις πραγματικές μας δυνατότητες. Πρέπει να κρατήσετε τη γνώση ότι είστε ικανοί για πολύ περισσότερα από όσα πιστεύετε σήμερα και να αμφισβητήσετε τους περιορισμούς που σας επιβάλλουν οι άλλοι ή το ίδιο σας το μυαλό.

Κεφάλαιο 2: Σπάζοντας τις αλυσίδες της άγνοιας

Οι άνθρωποι περιορίζονται από τον τρόπο με τον οποίο αντιλαμβάνονται τον κόσμο. Βλέπουμε τον κόσμο μέσα από έναν συγκεκριμένο φακό, και ο φακός αυτός μας εμποδίζει να δούμε διαχρονικές αλήθειες.

Ο μεγαλύτερος περιορισμός μας, ωστόσο, είναι η ανάγκη μας να γίνουμε αποδεκτοί. Αυτή η ανάγκη είναι που συχνά μας οδηγεί να αναζητούμε παρηγοριά σε ψεύδη και να αγνοούμε τις πολυπλοκότητες της πραγματικότητας. Ένα από τα πιο συνηθισμένα παραδείγματα αυτού είναι οι άνθρωποι που συνηθίζουν να προσβάλλουν τους άλλους και νομίζουν ότι γνωρίζουν τον κόσμο στον οποίο ζουν, παρόλο που οι προσβολές τους συχνά απευθύνονται σε λάθος ανθρώπους ή απλά βασίζονται σε λανθασμένες υποθέσεις για το νόμο, τον πολιτισμό και τον ίδιο τον κόσμο.

Αυτοί οι άνθρωποι συχνά επικεντρώνονται στα φαινόμενα και είναι περιορισμένοι στην κατανόηση του κόσμου. Δεν μπορούν να δουν την αλήθεια και αντ' αυτού επενδύουν την ενέργειά τους σε ψεύδη και ζουν μια μίζερη ζωή άγνοιας.

Είναι πρόκληση να γίνεσαι μάρτυρας τέτοιων ατόμων και να μην μπορείς να κάνεις τίποτα γι' αυτό, εκτός από το να προχωρήσεις, επειδή αρνούνται να μάθουν από διαφορετικές οπτικές γωνίες και έχουν εμμονή με την επιβεβαίωση και το να έχουν δίκιο, παρά το γεγονός ότι συχνά κάνουν λάθος σχεδόν σε όλα.

Οι ζωές τους είναι μια απόδειξη της άγνοιάς τους για τη ζωή, αλλά προσπαθούν να βρουν δικαιολογίες για την άγνοιά τους, και αυτό σημαίνει ότι περικλείονται σε μια μικρή ομάδα εξίσου αδαών ατόμων που σκέφτονται όπως αυτοί και τους οποίους αποκαλούν φίλους, και απομονώνουν το μυαλό τους από την αφομοίωση αντιφατικών απόψεων.

Φυσικά, αποφεύγουν να εκτίθενται σε περιβάλλοντα όπου μπορεί να κάνουν λάθος. Δεν βλέπουν αυτά τα περιβάλλοντα ως ευκαιρίες για μάθηση και ανάπτυξη, αλλά μάλλον ως απειλές για την αυτοεικόνα τους.

Δεν είναι ασυνήθιστο να βλέπουμε αυτά τα άτομα να έχουν εμμονή με βιντεοπαιχνίδια και ταινίες που ταιριάζουν με τις προκατασκευασμένες αντιλήψεις τους για τη ζωή, ή ακόμα και με το αλκοόλ και τα ναρκωτικά, επειδή αυτές οι εμπειρίες παρέχουν παρηγοριά στο περιορισμένο μυαλό τους. Ωστόσο, αυτό είναι επίσης μια μορφή καταπιεσμένης δυσαρέσκειας που συσσωρεύεται και διαμορφώνει τον χαρακτήρα, με αποτέλεσμα να διαμορφώνεται ένας συγκεκριμένος τύπος προσωπικότητας.Καθώς μεγαλώνουμε,

6

συναντάμε συχνά ανθρώπους που κουβαλούν μέσα τους μίσος και πικρία. Δεν προετοιμάζονται για τον θάνατο και αντ' αυτού επικεντρώνονται στην εξωτερική σωτηρία, γεγονός που τους κάνει εγωιστές και διαφθείρει την ψυχή τους.

Πολλές θρησκείες διαιωνίζουν αυτόν τον κύκλο της διαφθοράς, επειδή προωθούν τους ίδιους τους περιορισμούς του ανθρώπινου νου - την έλλειψη ικανότητας να εξελιχθεί - μέσα από μια έγχυση ενοχής αναμεμειγμένη με ψέματα.

Πολλές από τις εκδόσεις και τις τροποποιήσεις της Βίβλου και άλλων θρησκευτικών βιβλίων αντανακλούν την ίδια τάση και έχουν γίνει σκόπιμα για να ευνοήσουν και να προσαρμόσουν μια συγκεκριμένη νοοτροπία στους ανθρώπους, αντί να τους αναγκάσουν να αλλάξουν. Με τον τρόπο αυτό, ωστόσο, οι θρησκείες γενικά εμποδίζουν τους οπαδούς τους να αναγνωρίσουν τις διαχρονικές αλήθειες του κόσμου, γι' αυτό ακριβώς και είναι όλες λάθος.

Όσο περισσότερους οπαδούς έχει μια θρησκεία, τόσο πιο πιθανό είναι να είναι λανθασμένη. Έτσι, σε αντίθεση με τη δημοφιλή πεποίθηση, το να έχεις πολλούς οπαδούς δεν είναι ένδειξη αληθοφάνειας, αλλά μάλλον διαστρέβλωση των διδασκαλιών.

Όταν οι θρησκευτικές διδασκαλίες και οι λανθασμένες πολιτιστικές πεποιθήσεις αφομοιώνονται από μεγάλο αριθμό ανθρώπων, γίνονται μέρος της πολιτιστικής τους ταυτότητας και στη συνέχεια της διαιώνισης του πεπρωμένου τους ως συλλογικότητα.

Για παράδειγμα, ολόκληρο το έθνος των Φιλιππίνων είναι φτωχό και δυστυχισμένο επειδή οι άνθρωποί του έχουν τη νοοτροπία της έλλειψης και της φτώχειας. Πάντα ζητούν χρήματα. Αλλά στην Κίνα, κανείς δεν ζητάει ποτέ χρήματα. Αντίθετα, προσφέρουν δουλειές και επιχειρηματικές ευκαιρίες σε φίλους και συγγενείς και εργάζονται μαζί για να κερδίσουν περισσότερα χρήματα. Η διαφορά είναι ότι η μία χώρα θαυμάζει τον πλούτο και η άλλη τον ζηλεύει. Αλλά αυτή είναι η κύρια διαφορά μεταξύ φτωχών και πλουσίων, όπως έχω δει σε πολλές ευρωπαϊκές χώρες. Κάποιοι δουλεύουν για αυτά που παίρνουν, ενώ άλλοι θέλουν να ζουν σαν παράσιτα και επικεντρώνονται στο να αποφύγουν τις συνέπειες της έλλειψης ευθύνης στη ζωή τους.

Πόσο άσχημα μπορεί να είναι; Σκεφτείτε ότι τα Μεγάλα Γλωσσικά Μοντέλα, ή LLM, συχνά αρνούνται σκόπιμα να απαντήσουν σε ερωτήσεις ή απλώς τις διαγράφουν από κείμενα που τους παρέχονται για επεξεργασία, χειραγωγώντας έτσι την κατεύθυνση του κόσμου, ώστε όταν οι άνθρωποι δεν αμφισβητούν αυτό που συμβαίνει μπροστά στα μάτια τους, να συμβάλλουν στη δυστυχία που τελικά βιώνει η συλλογικότητα.

Κεφάλαιο 3: Ξετυλίγοντας το κουβάρι της αλήθειας πέρα από το καλό και το κακό

Γ ια να κατανοήσουμε την πολυπλοκότητα της ιστορίας και της πραγματικότητας και να βρούμε έτσι τον δρόμο προς την αλήθεια, πρέπει να αναγνωρίσουμε ότι η αλήθεια είναι κάτι περισσότερο από μια απλή αφήγηση του καλού και του κακού. Οι γραμμικές ιστορίες που παρουσιάζουν τον κόσμο σε άσπρο-μαύρο είναι συχνά παραπλανητικές και αποτυγχάνουν να συλλάβουν την πολυπλοκότητα της πραγματικότητας.

Είναι απαραίτητο να αγκαλιάσουμε την πολυπλοκότητα της ιστορίας για να κατανοήσουμε σωστά την τρέχουσα και την ιστορική πραγματικότητα. Ως κάποιος που έχει ταξιδέψει εκτενώς και έχει φίλους από όλο τον κόσμο, θεωρώ ότι είναι περιοριστικό να πιστεύουμε ότι ο δικός μας πολιτισμός είναι ανώτερος από τους άλλους και να απορρίπτουμε άλλους πολιτισμούς χωρίς να τους κατανοούμε πραγματικά. Αυτή η πεποίθηση οδηγεί συχνά σε συναισθηματική προσκόλληση σε ψεύδη και εμποδίζει τα άτομα να εξελιχθούν και να ενσωματώσουν τις διαφορές και τις ομοιότητες.Εκτιμώ τους ανθρώπους γι' αυτό που είναι, όχι για το πού γεννήθηκαν. Ωστόσο, βρίσκω περίεργο το γεγονός ότι οι άνθρωποι συχνά σπεύδουν να με συστήσουν σε ανθρώπους από τον δικό μου πολιτισμό, ακόμη και αν τους αποφεύγω.

Για παράδειγμα, οι περισσότεροι Πορτογάλοι που έχω γνωρίσει είναι αγενείς και αδαείς, αλλά αυτό δεν σημαίνει ότι όλοι οι Πορτογάλοι είναι ίδιοι. Πρέπει να αναγνωρίζουμε τα όρια της αντίληψής μας και την ψευδαίσθηση της αλήθειας. Αλλά η πιθανότητα να συναντήσετε κάποιον που δεν ταιριάζει στη δική σας κουλτούρα, λόγω της εκτεταμένης εμπειρίας ζωής σε άλλες χώρες, δείχνει μεγαλύτερη ικανότητα κατανόησης της αλλαγής στους άλλους.

Δεδομένου ότι ο εγωισμός είναι κοινό χαρακτηριστικό των Ευρωπαίων, η σκληρή δουλειά και η πειθαρχία είναι κοινό χαρακτηριστικό της ασιατικής κουλτούρας και ο αλτρουισμός ή η ιδέα ότι κάποιος υπάρχει για να βελτιώσει την κοινότητα είναι αφρικανικό χαρακτηριστικό, δεν εκπλήσσομαι που κάποιος που γεννήθηκε από Ευρωπαίους γονείς αλλά μεγάλωσε στην Αφρική έχει μια εντελώς διαφορετική προσέγγιση στη ζωή και τις σχέσεις - είναι πιο ανοιχτός και γενναιόδωρος.

Παρομοίως, κάποιος που έχει περάσει πολλά χρόνια στην Κίνα, παρά το γεγονός ότι έχει γεννηθεί στην Ισπανία, θα έχει πολύ διαφορετική εργασιακή ηθική και μεγαλύτερη πειθαρχία από ό,τι αν είχε περάσει το μεγαλύτερο μέρος της ζωής του στην Ισπανία, όπου οι άνθρωποι κατηγορούν τον ήλιο για την τεμπελιά τους.

Το αντίθετο ισχύει επίσης, καθώς η κουλτούρα και οι άνθρωποι που επιτρέπουμε να μας επηρεάζουν θα μας αλλάξουν σίγουρα με την πάροδο του χρόνου. Πέρασα τρία χρόνια από τη ζωή μου στη Λιθουανία, αλλά μου πήρε μόνο λίγους μήνες για να συνειδητοποιήσω γιατί αυτή η χώρα βρίσκεται στην κορυφή των στατιστικών αυτοκτονιών στην Ευρώπη - οι άνθρωποι κακομεταχειρίζονται ο ένας τον άλλον, είναι από τους πιο αγενείς ανθρώπους που έχω συναντήσει ποτέ στη ζωή μου, δεύτεροι μόνο μετά τους Πολωνούς, και κρίνουν διαρκώς αρνητικά τους άλλους, ειδικά εκείνους που επενδύουν στην εκπαίδευσή τους.

Δεν μπορούμε να κατανοήσουμε την αλήθεια χωρίς να παρατηρήσουμε και να αποδεχτούμε αυτές τις δυναμικές, και οι περισσότεροι άνθρωποι είναι πολύ συναισθηματικά προσκολλημένοι στις εμπειρίες τους για να κάνουν αυτή τη δουλειά. Πρέπει να είμαστε πρόθυμοι να εξελιχθούμε και να ενσωματώσουμε τις διαφορές και τις ομοιότητες προκειμένου να προχωρήσουμε μπροστά σε έναν παγκοσμιοποιημένο κόσμο. Πρέπει να αναγνωρίσουμε ότι η κουλτούρα δεν είναι μια ανώτερη οντότητα και πρέπει να εκτιμούμε τους ανθρώπους γι' αυτό που είναι, όχι για το πού γεννήθηκαν.Κατανοώντας την πολυπλοκότητα της πραγματικότητας, πρέπει επίσης να κατανοήσουμε ότι πολλά ευρωπαϊκά έθνη, συμπεριλαμβανομένης της Πορτογαλίας, έχουν ιστορία επιθετικότητας, ρατσισμού και αποικισμού. Οι καλύτεροι Ευρωπαίοι εγκατέλειψαν τις πατρίδες τους και εξαπλώθηκαν σε όλο τον κόσμο, ενώ πολλοί βρήκαν το δρόμο τους προς τη Νότια Αμερική. Ωστόσο, η προσκόλληση των ανθρώπων στην έννοια του έθνους παραμένει ισχυρή, παρόλο που δεν έχει κανένα νόημα στον σημερινό παγκοσμιοποιημένο κόσμο.

Καθώς προχωράμε μπροστά, πρέπει να είμαστε πρόθυμοι να αφήσουμε την προσκόλλησή μας σε ψεύδη και να αναγνωρίσουμε τις διαχρονικές αλήθειες του κόσμου. Πρέπει να είμαστε πρόθυμοι να εξελιχθούμε και να ενσωματώσουμε τις διαφορές και τις ομοιότητες προκειμένου να οικοδομήσουμε έναν καλύτερο κόσμο. Αυτό το έργο αρχίζει με τη θυσία των πολιτισμικών αξιών που δεν μας εξυπηρετούν και την αμφισβήτησή τους στους πολιτισμούς με τους οποίους αλληλεπιδρούμε, ακόμη και αν δεν είναι δικοί μας.

Είναι αλήθεια ότι έχω επικρίνει τους Κινέζους για την τόση ρύπανση στη χώρα τους, και κάποιοι μου είπαν οργισμένοι να φύγω από τη χώρα τους, επειδή εξέλαβαν την κριτική μου ως πολιτισμική προσβολή. Δεν έχουν ανάγκη να αναπνέουν αέρα;

Κεφάλαιο 4: Οι κίνδυνοι των προκαταλήψεων

Οι προκατασκευασμένες ιδέες και τα στερεότυπα είναι παρόντα στην κοινωνία και εμποδίζουν την προσωπική και κοινωνική ανάπτυξη. Διευκολύνουν το άτομο να ενταχθεί στο περιβάλλον του, αλλά το πρόβλημα με αυτές τις προκαταλήψεις είναι ότι συχνά κρατούν τους ανθρώπους πίσω, οδηγώντας σε παρεξηγήσεις και διακρίσεις.

Είναι σημαντικό να θυμόμαστε ότι καμία κοινωνική ομάδα δεν είναι πιο έξυπνη από μια άλλη και η ιδέα ότι όλοι πρέπει να ανταγωνιζόμαστε για την επιβίωση, όπως προωθεί το εκπαιδευτικό σύστημα με εξετάσεις, αξιολογήσεις και κατατάξεις, τείνει να δημιουργεί προκαταλήψεις που καταλαμβάνουν το μυαλό μας και στη συνέχεια διαμορφώνουν την άποψή μας για την πραγματικότητα, οδηγώντας μας να βλέπουμε τις καταστάσεις και τα άτομα από μια λανθασμένη και συχνά περιοριστική οπτική γωνία.

Ένα από τα μεγαλύτερα προβλήματα που προκαλούν αυτές οι προκαταλήψεις σχετίζεται με το ζήτημα της μονιμότητας των αντικειμένων. Τα άτομα χάνουν την ικανότητα να κατανοήσουν ότι η πραγματικότητα μπορεί να αλλάξει και ότι μπορούν να μάθουν από αυτές τις αλλαγές. Έτσι, καταλήγουν να βλέπουν τον εαυτό τους και τους άλλους ως στατικά - αμετάβλητα στοιχεία της πραγματικότητας.

Σκεφτείτε το ακόλουθο σενάριο: Περπατάτε στο δρόμο και κάποιος που περπατάει προς το μέρος σας περνάει αμέσως το δρόμο στην άλλη πλευρά όταν σας βλέπει, παρόλο που δεν ξέρει ποιος είστε. Αυτή η ενέργεια καταδεικνύει τη δύναμη των στερεοτύπων, τα οποία δεν είναι μόνο απαράδεκτα, αλλά αποτελούν και μια μορφή νοητικού μπλοκαρίσματος που εμποδίζει την ανάπτυξη και την αλλαγή.

Το πρόβλημα με τα στερεότυπα είναι ότι συχνά βασίζονται σε ελλιπείς ή λανθασμένες πληροφορίες. Αυτές οι προκαταλήψεις προκύπτουν από προκατειλημμένες αντιλήψεις για τους άλλους και αποκλείουν τη δυνατότητα ανάπτυξης και αλλαγής. Όταν συμβαίνει αυτό, οι άνθρωποι δεν εξετάζουν εναλλακτικές προοπτικές και καθίστανται ανίκανοι να δουν πέρα από τις προσωπικές τους πεποιθήσεις και απόψεις. Για παράδειγμα, σκεφτείτε μια γυναίκα που συχνά την προσπερνούν για προαγωγή στη δουλειά της επειδή οι συνάδελφοί της πιστεύουν ότι είναι πολύ συναισθηματική. Οι συνάδελφοί της προσκολλώνται στο στερεότυπο και δεν μπορούν να δουν τη σκληρή δουλειά και την αφοσίωσή της στη δουλειά, επειδή τυφλώνονται από τις προκαταλήψεις τους. Το στερεότυπο είναι τόσο βαθιά ριζωμένο που δεν μπορούν να δουν ότι τα συναισθήματά σας τροφοδοτούν το πάθος σας για τη δουλειά σας. Τα στερεότυπα μπορεί να είναι απίστευτα επιζήμια και να δημιουργήσουν μια αυτοεκπληρούμενη προφητεία. Μπορούν να οδηγήσουν τους ανθρώπους να συμπεριφέρονται με τρόπους που επιβεβαιώνουν το στερεότυπο, διαιωνίζοντας τον κύκλο των διακρίσεων. Για παράδειγμα, αν κάποιος πιστεύει ότι όλοι οι έφηβοι είναι παραβατικοί, μπορεί να τους φέρεται άσχημα, με αποτέλεσμα οι έφηβοι να αντιδρούν αρνητικά λόγω της αυτοεικόνας τους.

Ένα από τα πιο κακά και διεστραμμένα πράγματα που έκαναν οι δάσκαλοι σε μένα και σε άλλους στο σχολείο ήταν να ρωτούν το επάγγελμα των γονιών μας την πρώτη μέρα που μας γνώριζαν. Με βάση αυτές τις απαντήσεις, σχημάτιζαν αμέσως τις δικές τους προκαταλήψεις και εστίαζαν την προσοχή τους μόνο στους μαθητές που φαινόταν να έχουν το πιο ελπιδοφόρο μέλλον, δηλαδή στους μαθητές των οποίων οι γονείς ήταν γιατροί ή επιχειρηματίες.

Είναι ενδιαφέρον ότι πολλές μελέτες έχουν πράγματι δείξει ότι οι πεποιθήσεις των ανθρώπων καθορίζουν όχι μόνο τη συμπεριφορά τους, αλλά και τον τρόπο με τον οποίο αντιδρούν οι άλλοι. Για παράδειγμα, έχει αποδειχθεί ότι οι δάσκαλοι προσπαθούν περισσότερο να βοηθήσουν τους μαθητές που θεωρούν έξυπνους, αυξάνοντας έτσι την αυτοεκτίμησή τους και βοηθώντας τους να πάρουν υψηλότερους βαθμούς, ενώ κάνουν το αντίθετο με τους μαθητές που θεωρούν αδαείς και ανίκανους, μειώνοντας έτσι τις δυνατότητές τους, ακόμη και αν τα παιδιά αυτά είναι λαμπρά. Τα έξυπνα παιδιά συμπεριφέρονται τότε ανόητα απλώς και μόνο επειδή θεωρούνται ανόητα.

Με άλλα λόγια, η κοινωνία διαιωνίζει τα στερεότυπα που έχει, αναγκάζοντας τους ανθρώπους να ενεργούν σύμφωνα με τους ρόλους που τους αναθέτει. Ως αποτέλεσμα, αν ένα παιδί προέρχεται από φτωχή οικογένεια, δεν θα του δοθούν ευκαιρίες επειδή οι ενήλικες γύρω του θα συμπεριφέρονται σαν να μην έχουν καμία ελπίδα και επομένως δεν θα το βοηθήσουν.

Κεφάλαιο 5: Ξεπερνώντας τα στερεότυπα και τις προκαταλήψεις

Γ	ια να ξεπεράσουμε τα στερεότυπα, πρέπει να συνειδητοποιήσουμε τις προκαταλήψεις μας και να αμφισβητήσουμε τις πεποιθήσεις και τις υποθέσεις μας. Πρέπει να αναγνωρίσουμε ότι οι αντιλήψεις και τα στερεότυπά μας δεν είναι η μόνη αλήθεια και να εξετάσουμε εναλλακτικές προοπτικές.

Η αναζήτηση διαφορετικών εμπειριών και η ενεργή μάθηση από αυτές μπορεί να βοηθήσει στην κατάρριψη αυτών των προκαταλήψεων. Αυτό όμως σημαίνει επίσης ότι πρέπει να αμφισβητούμε τα στερεότυπα και τις συμπεριφορές των άλλων, γιατί δυστυχώς, ακόμη και όταν οι άνθρωποι δεν το εκφράζουν λεκτικά, ο ρατσισμός και οι διακρίσεις τους είναι αρκετά εμφανείς στις πράξεις τους.

Σκεφτείτε ότι τόσο ο δάσκαλος όσο και οι άγνωστοι που συναντάτε στο δρόμο επικοινωνούν σύμφωνα με τα στερεότυπά τους, χαμογελώντας στους ανθρώπους που θεωρούν άξιους και όντας αγενείς στους ανθρώπους που θεωρούν κατώτερους. Το ίδιο ισχύει και για τον τρόπο με τον οποίο αντιδρούν στην προσπάθεια, γελοιοποιώντας ή ακόμα και αγνοώντας την προσπάθεια κάποιου που θεωρούν κατώτερο και επαινώντας την προσπάθεια κάποιου που θεωρούν πιο άξιο.

Αυτές οι συμπεριφορές είναι πολύ ορατές σε ορισμένες κουλτούρες, γι' αυτό και ο ρατσισμός είναι πολύ ορατός στην Πολωνία, τη Λιθουανία, τη Λετονία, ακόμη και στην Ισπανία και την Πορτογαλία. Μάλιστα, είναι ενδιαφέρον να παρατηρήσει κανείς πότε ένας πολιτισμός θεωρεί έναν άλλο πολιτισμό ανώτερο, αφού οι Πορτογάλοι και οι Ισπανοί αντιμετωπίζουν συνήθως τους Βρετανούς, τους Φινλανδούς, τους Σουηδούς και τους Νορβηγούς καλύτερα από ό,τι αντιμετωπίζουν τους δικούς τους πολίτες.

Λίγοι άνθρωποι θα κάνουν την προσπάθεια να εξελιχθούν ως πολίτες ενός πολυπολιτισμικού και ποικιλόμορφου πλανήτη, αλλά μπορούμε να το κάνουμε εμείς οι ίδιοι όταν συναντάμε κάποιον που θεωρούμε ότι είναι διαφορετικός από εμάς, προσεγγίζοντάς τον με ενσυναίσθηση και περιέργεια. Αυτή η προσέγγιση θα μας επιτρέψει να τους κάνουμε ερωτήσεις και να κατανοήσουμε τις εμπειρίες και τις προοπτικές τους. Με αυτόν τον τρόπο, μπορούμε να καταρρίψουμε τα στερεότυπα και να δημιουργήσουμε μια πιο συμπονετική και χωρίς αποκλεισμούς κοινωνία.Η αμφισβήτηση των αντιλήψεων και των στερεοτύπων είναι μια συνεχής προσπάθεια που απαιτεί αυτογνωσία, ταπεινότητα και ανοιχτό μυαλό. Ως άτομα, πρέπει να αμφισβητούμε τις πεποιθήσεις και τις υποθέσεις μας και να αναζητούμε εναλλακτικές προοπτικές.Οι αντιλήψεις και τα στερεότυπα μπορεί να είναι επιβλαβή τόσο για τα άτομα όσο και για την κοινωνία στο σύνολό της, αλλά όταν βλέπουμε τη ζημιά, συχνά δεν μπορούμε να δούμε την πλήρη έκταση του αντίκτυπου. Σκεφτείτε, για παράδειγμα, ότι ένα άτομο με στερεότυπα δεν επεκτείνεται ή δεν μαθαίνει από τους άλλους και αντίθετα επιμένει να διατηρεί μια συγκεκριμένη κατάσταση, ακόμη και αν αυτή δεν έχει καμία συσχέτιση με τους στόχους της ζωής του. Κατά συνέπεια, αυτό το άτομο θα συρρικνώσει την επιρροή του αντί να την επεκτείνει και θα επικεντρωθεί στη συμμόρφωση με την πραγματικότητα που γνωρίζει, ακόμη και αν αυτή σχετίζεται με μια ψεύτικη προσωπικότητα.

Αυτός είναι ο λόγος για τον οποίο τόσοι πολλοί άνθρωποι είναι ψεύτικοι και λένε ψέματα για τη ζωή και τα επιτεύγματά τους. Φοβούνται πολύ να μάθουν από τους άλλους και να εκθέσουν τη δική τους άγνοια, τις αδυναμίες και τους περιορισμούς τους.

Από την άλλη πλευρά, αν μπορούσαμε να αναφέρουμε ένα χαρακτηριστικό που ξεκάθαρα διαχωρίζει τους πολύ πλούσιους από τους πολύ φτωχούς, αυτό θα ήταν η ικανότητα να κάνουν φίλους με ανθρώπους από διαφορετικά πολιτισμικά υπόβαθρα και να μαθαίνουν από όλους.

Πρέπει να αμφισβητούμε τις προκαταλήψεις μας, να αναζητούμε εναλλακτικές προοπτικές και να μαθαίνουμε ενεργά από διαφορετικές εμπειρίες. Καταρρίπτοντας αυτές τις προκαταλήψεις, μπορούμε να δημιουργήσουμε έναν πιο συμπονετικό και χωρίς αποκλεισμούς κόσμο, αλλά μπορούμε επίσης να αναπτυχθούμε ως άτομα και να προσελκύσουμε ακόμη και περισσότερο πλούτο.

Σκεφτείτε, για παράδειγμα, ότι τα βιβλία μου δεν θα είχαν τόση αξία από μόνα τους, απλώς και μόνο επειδή γράφτηκαν από εμένα, αν η προσωπικότητά μου δεν ήταν ένας σύνθετος παράγοντας στη δημιουργία πληροφοριών που διαπερνούν διαφορετικές απόψεις και πολιτισμούς. Ο λόγος για τον οποίο οι άνθρωποι σε όλο τον κόσμο απολαμβάνουν τα γραπτά μου είναι επειδή βλέπουν ότι εφαρμόζονται στη ζωή τους, και ο λόγος που συμβαίνει αυτό είναι ακριβώς επειδή έχω μάθει από ανθρώπους που έχω συναντήσει σε όλο τον κόσμο. Έχω δει τι τους κάνει διαφορετικούς και τι τους κάνει μοναδικούς, και έχω δει τα μοτίβα της επιτυχίας, ακόμη και μεταξύ εκείνων που την πέτυχαν ανεξάρτητα από το πού βρίσκονταν στον κόσμο.

Για παράδειγμα, κοιτάζω τους μαθητές που είχα για πάνω από μια δεκαετία και βλέπω τα αποτελέσματά τους στη ζωή. Έχουν προχωρήσει πολύ περισσότερο από ό,τι θα μπορούσε να περιμένει ο καθένας, συμπεριλαμβανομένου και εμού, επειδή είναι σε θέση να πάνε σε μια άλλη χώρα και να βρουν τις καλύτερες δουλειές, ακόμη και όταν οι ντόπιοι αγωνίζονται να κάνουν το ίδιο.

Αν και με την πρώτη ματιά φαίνεται σαν τύχη, όταν παρατηρείς το ίδιο πράγμα σε όλους τους μαθητές μου, παρόλο που ακολουθούν διαφορετικές πορείες, δεν μπορείς παρά να παρατηρήσεις ότι όλοι τους επιδεικνύουν εξαιρετικά προσαρμοστικές ικανότητες. Σε σύγκριση με οποιοδήποτε άλλο ανθρώπινο ον, διαθέτουν τις καλύτερες και πιο εφαρμόσιμες δεξιότητες επιβίωσης.

Κεφάλαιο 6: Βρίσκοντας ολοκλήρωση σε νέα μονοπάτια και φιλίες

Το ταξίδι της προσωπικής μου ανάπτυξης και αυτογνωσίας ήταν γεμάτο εμπόδια και προκλήσεις. Μόνο αφού έμαθα πολύτιμες γνώσεις για το πώς να ξεπερνώ αυτά τα εμπόδια, βρήκα σκοπό και ολοκλήρωση στη ζωή μου.

Πρώτον, δεν μπορώ να τονίσω αρκετά τη σημασία του να βρίσκεις χαρά στα απλά πράγματα, να εμπιστεύεσαι το κάρμα και να έχεις πίστη στο αόρατο.

Στον σημερινό σύγχρονο κόσμο, μπορεί να είναι πρόκληση να πλοηγηθεί κανείς στο μονοπάτι της προσωπικής ανάπτυξης και της αυτογνωσίας με τους συνεχείς περισπασμούς και την υπερφόρτωση πληροφοριών. Ωστόσο, αναγνωρίζοντας τα μοτίβα που διέπουν τη ζωή και ελέγχουν τις επιλογές μας, μπορούμε να διακρίνουμε καλύτερα τις πολύτιμες πληροφορίες από τις ψεύτικες και να βρούμε νόημα και ολοκλήρωση στη ζωή μας, ακόμη και όταν αυτό φαίνεται να έρχεται σε αντίθεση με ό,τι κάνουν όλοι οι άλλοι.

Στην πραγματικότητα, όσο περισσότερα γνωρίζω, τόσο πιο δύσκολο μου είναι να εξηγήσω τον εαυτό μου στους άλλους, επειδή η συντριπτική πλειοψηφία έχει εμμονή με τα ψέματα που έχουν πειστεί να ακολουθήσουν.

Χρειάζεται τεράστια εμπειρία ζωής για να ξέρεις τι είναι αλήθεια και τι ψέμα, και πολλοί άνθρωποι, ακόμη και στην ηλικία των 84 ετών, δεν έχουν βρει αυτές τις αλήθειες.

Πώς το ξέρω αυτό; Μου το έχουν πει οι ίδιοι! Έχω πολλούς φίλους στα 80 τους που τους αρέσει να διαβάζουν τα κείμενά μου. Τουλάχιστον κάνουν μια προσπάθεια, ενώ πολλοί άλλοι άνθρωποι πιστεύουν ανόητα ότι θα πάρουν αυτές τις πληροφορίες μυστηριωδώς, από τύχη, απλά με το να είναι ο εαυτός τους.

Η ιδέα ότι οι άνθρωποι δικαιούνται την αλήθεια είναι ακριβώς αυτό που τους κρατάει ηλίθιους. Οι πιο ηλίθιοι άνθρωποι που έχω γνωρίσει πιστεύουν ότι οι κυβερνήσεις, οι γονείς τους και οι δάσκαλοί τους τούς έχουν πει την αλήθεια.

Αποκαλούμε αυτούς τους ανθρώπους αρνητικούς, παρόλο που νομίζουν ότι είναι θετικοί. Επειδή αυτοί οι άνθρωποι θα αντιταχθούν σε οποιονδήποτε απειλεί το σύνολο των πεποιθήσεών τους, βίαια αν χρειαστεί, και θα προσπαθήσουν να εμποδίσουν οποιονδήποτε από το να είναι διαφορετικός, ειδικά αν αυτή η διαφορά κάνει το άτομο που αναζητά ένα νέο μονοπάτι πιο επιτυχημένο στη ζωή.

Η προστασία μας από τις αρνητικές ενέργειες και η υπέρβαση του εγωισμού και του μίσους είναι κρίσιμα βήματα σε αυτό το ταξίδι. Το να αγκαλιάζουμε το ταξίδι της ζωής, ακόμη και σε δύσκολες στιγμές, και να είμαστε ανοιχτοί σε νέες εμπειρίες είναι εξίσου σημαντικά. Μην υποτιμάτε ποτέ τη δύναμη της ανάγνωσης βιβλίων και της ακρόασης ακουστικών βιβλίων σε δύσκολες στιγμές! Επίσης, κάντε μια προσπάθεια να συνδεθείτε με άλλους ανθρώπους μέσω της γραφής και των εικονικών φιλιών!

Ένας μικρός αριθμός φίλων, ακόμη και μεταξύ ανθρώπων που μόλις γνωρίσατε, είναι πάντα καλύτερος από πολλές φιλίες που δεν έχουν καμία αξία και μάλιστα σας παρασύρουν.

Η ανοχή μου στις παλιές φιλίες έχει όρια, και αν κάποιος που γνωρίζω για πολλά χρόνια μου λέει ψέματα ή προσπαθεί να ανταγωνιστεί τα αποτελέσματά μου, αυτό είναι αρκετό για να τον εξαλείψω ουσιαστικά από την ύπαρξή μου για πάντα. Ακόμα και μια αδέσποτη γάτα είναι καλύτερη παρέα από έναν εγωιστή!

Το ίδιο ισχύει και για τους ανθρώπους με τους οποίους κοιμάστε. Δεν θα πάτε πολύ μακριά στη ζωή αν μοιράζεστε τον χρόνο και τις σκέψεις σας με κάποιον που συμπεριφέρεται σαν ο χειρότερος εχθρός σας. Οι αρνητικές ενέργειες μπορούν να αποστραγγίσουν τη θετική μας ενέργεια. Αν αναγνωρίσουμε αυτές τις ενέργειες και ξέρουμε πώς να προστατεύσουμε τον εαυτό μας, μπορούμε να διατηρήσουμε τη νοητική και συναισθηματική μας ευημερία και να επικεντρωθούμε στους στόχους μας.

Η αναγνώριση των δικών μας τάσεων προς τον εγωισμό και το μίσος και η προσπάθεια να τις ξεπεράσουμε, καθώς και η προσπάθεια να απομακρυνθούμε από εκείνους που παρουσιάζουν τα ίδια χαρακτηριστικά, οδηγεί σε μια πιο ολοκληρωμένη ζωή. Αυτό σημαίνει ότι πρέπει να μάθουμε να εξερευνούμε νέα μονοπάτια, νέα περιβάλλοντα και να εξετάζουμε ανθρώπους που μπορεί να μην είχαμε σκεφτεί ως πιθανούς φίλους.

Όταν έζησα στην Κίνα, ήμουν πάντα περιτριγυρισμένη από Κινέζους. Έκανα περισσότερους Κινέζους φίλους από οποιονδήποτε άλλο πολιτισμό και μου άρεσε αυτή η εμπειρία, η οποία, κατά ειρωνικό τρόπο, με ανάγκασε να προσαρμοστώ στις αξίες και τον τρόπο σκέψης τους. Ήταν μια προσαρμογή που έκανα εύκολα, επειδή μου αρέσουν οι άνθρωποι που μοιράζονται τα πάντα, ακόμη και τους φίλους τους, πράγμα που έρχεται σε μεγάλη αντίθεση με τον ευρωπαϊκό τρόπο που κρύβει εγωιστικά τα πάντα και κρατάει μυστικά και απομονώνει τους φίλους σε διαφορετικές ομάδες ανάλογα με το τι θέλει να κάνει κανείς μαζί τους. Μπορεί να μην είμαι Ασιάτισσα στην εμφάνιση, αλλά σίγουρα είμαι Ασιάτισσα στην καρδιά.

Κεφάλαιο 7:
Ο αντίκτυπος των σχέσεων στην προσωπική ανάπτυξη

Η προσωπική ανάπτυξη και η αυτογνωσία απαιτούν μεγάλη προσπάθεια, αντοχή και αποφασιστικότητα, αλλά τελικά οδηγούν σε μια καλύτερη εκδοχή του εαυτού μας. Έχω επίσης διαπιστώσει ότι η εμπιστοσύνη και η αναγνώριση των δομών εξουσίας γύρω μας και το να είμαστε ανοιχτοί σε απροσδόκητες ευκαιρίες μπορούν να οδηγήσουν στην προσωπική ανάπτυξη και την αυτογνωσία.

Κάθε φορά που σχετιζόμαστε με ανθρώπους που έχουν την ικανότητα να μας εκτιμούν, είναι πιο πιθανό να προσελκύσουμε ευκαιρίες που θα μας ωφελήσουν, ακόμη και ευκαιρίες που δεν είχαμε φανταστεί ποτέ.

Το αντίθετο δεν είναι η ανυπαρξία, είναι ο θάνατος. Ανακάλυψα ότι όταν βρίσκομαι κοντά σε ανθρώπους που με υποτιμούν και δεν με σέβονται, νιώθω όχι μόνο μόνη, αλλά και δυστυχισμένη. Αυτοί οι άνθρωποι με κάνουν να αισθάνομαι ότι η ζωή μου δεν έχει σκοπό, ότι οι σκέψεις μου δεν έχουν νόημα και ότι οι προσπάθειές μου είναι άχρηστες.

Βασικά, απομυζούν την ενέργεια από το σώμα μου, εμφυτεύουν ιούς στην ψυχή μου με τις σκέψεις τους και προσελκύουν τη δυστυχία στη ζωή μου. Έχω χάσει πάρα πολλά χρήματα και έχω υποφέρει πάρα πολύ από κατάθλιψη προσπαθώντας να κάνω φίλους με τέτοιους άχρηστους ανθρώπους, πολλοί από τους οποίους είναι Ευρωπαίοι ή Βορειοαμερικανοί.

Ο καλύτερος φίλος που είχα ποτέ ήταν μια γάτα που με επισκεπτόταν κάθε μέρα όταν ζούσα σε ένα ελληνικό νησί. Η ενέργεια και η καλοσύνη του άλλαξαν εντελώς τη διάθεσή μου και με έκαναν να ξαναβρώ το πάθος μου για τη ζωή.

Παραδόξως, στο ίδιο νησί, γνώρισα έναν συγγραφέα τον οποίο απέφευγα γιατί ήταν πολύ αγενής και ηλίθιος για να του μιλήσω. Ήταν γεμάτος στερεότυπα για μένα, όλα τους ψευδή, οπότε δεν έμαθε τίποτα από μένα. Επίσης, ζήλευε πολύ την επιτυχία μου ως συγγραφέας για να μάθει, και το μίσος και η περιφρόνησή του σήμαινε ότι δεν ήθελα καν να μιλήσω σε αυτόν τον γέρο.

Είναι λυπηρό να συνειδητοποιείς ότι κάποιος μπορεί να είναι 74 ετών και να εξακολουθεί να είναι τόσο εγωιστής, ζηλιάρης και ηλίθιος. Αυτός ο άνθρωπος πρόκειται να πεθάνει και εξακολουθεί να συμπεριφέρεται σαν να βρίσκεται σε πόλεμο με τον κόσμο.

Μπορεί να υπάρχει κακό στον κόσμο, αλλά το νιώθουμε περισσότερο αν αφήσουμε τον εαυτό μας να εκτεθεί σε αυτό. Προστατευόμαστε καλύτερα από έναν τέτοιο κόσμο αν σχηματίσουμε μια κοινότητα ατόμων που μοιράζονται παρόμοιες πεποιθήσεις και αξίες. Μερικές φορές, όμως, αυτή η θετική επιρροή προέρχεται από μια γάτα.

Μια από τις πιο δύσκολες πτυχές της προσωπικής ανάπτυξης και της αυτογνωσίας είναι η εύρεση ενός κατάλληλου περιβάλλοντος για να αναπτυχθείς, αλλά αυτό μπορεί να βρεθεί στα λιγότερο αναμενόμενα μέρη.

Για παράδειγμα, ποτέ δεν πίστευα ότι θα απολάμβανα τις εμπειρίες μου στην Αλβανία, τη Σερβία και τα μικρά νησιά της Ελλάδας, αλλά σε αυτά τα μέρη ένιωσα πιο ικανή και παρήγαγα τα καλύτερα βιβλία.

Είναι εύκολο να καταλάβει κανείς ποια από τα βιβλία μου γράφτηκαν στην Πολωνία, γιατί είναι γεμάτα θυμό. Είναι αδύνατο να διαχωρίσεις τις σκέψεις, τα συναισθήματα και τη δουλειά. Για να μπορέσω να δουλέψω, έπρεπε να συνδυάσω και τα τρία στοιχεία. Αλλά μια καλύτερη λύση θα ήταν να ενταχθώ σε οποιονδήποτε στρατό εισέβαλε σε αυτή τη χώρα και να τον βοηθήσω να απαλλαγεί για πάντα από αυτήν.

Πριν μετακομίσω στην Πολωνία, σκεφτόμουν αυτούς τους ανθρώπους ως θύματα πολλών εισβολών. Τώρα τους βλέπω ως έναν λαό που περιφρονεί ο Θεός. Φαίνεται ότι ο Θεός προσπαθεί συνεχώς να τους καταστρέψει με διάφορους τρόπους, επειδή είναι πολύ ρατσιστές για να έχουν το δικό τους έθνος.

Από την άλλη πλευρά, ως συγγραφέας, έχω ανακαλύψει ότι οι άνθρωποι που συναντώ, το σπίτι μου και οι γείτονές μου, καθώς και η συμπεριφορά όλων των άλλων μπορεί επίσης να επηρεάσει τη δουλειά μου, οπότε είναι σημαντικό για μένα να βρω έναν χώρο που να υποστηρίζει την ανάγκη μου για υψηλότερη διανοητική ανάλυση και διάκριση των πληροφοριών. Οι αρνητικοί χώροι υπονομεύουν την πνευματική μου ικανότητα.

Αξίζει επίσης να σημειωθεί ότι όσο υψηλότερη είναι η δόνησή μου, τόσο πιο τρελά συμπεριφέρονται οι άνθρωποι, απλώς επειδή οι διαφορετικές συχνότητες τείνουν να αντιτίθενται η μία στην άλλη και οι περισσότεροι άνθρωποι βρίσκονται σε αντιδραστική κατάσταση, γεγονός που τους καθιστά επικίνδυνους για όσους προσπαθούν να εξελιχθούν.

Το μονοπάτι της πνευματικής ανόδου απαιτεί να αποκτήσετε επίγνωση των ίδιων πραγμάτων και να εφαρμόσετε αυτές τις αρχές στον εαυτό σας. Μπορεί να είναι πρόκληση να βρείτε χρόνο για να εφαρμόσετε αυτές τις μεθόδους, αλλά δεν έχουν όρια και είναι δυνατόν να αλλάξετε τη ζωή σας με πολλούς τρόπους, αν συνειδητοποιήσετε ότι όλοι δονούνται σε διαφορετικά επίπεδα. Θα σας δείξουν ότι επειδή οι άνθρωποι αλλάζουν καθώς αλλάζετε - σας μισούν περισσότερο όταν εξελίσσεστε παρά όταν δεν εξελίσσεστε. Πρέπει να έχετε πίστη στο αόρατο.Πρέπει να έχετε πίστη στο αόρατο και να αναγνωρίσετε τη δύναμη που έχουν οι δομές γύρω σας για να σας βοηθήσουν στο ταξίδι σας, και τότε θα είστε σε θέση να βρείτε νέα μονοπάτια όταν τα προηγούμενα φαίνονται να έχουν πάρα πολλά εμπόδια στην πρόοδό σας.

Κεφάλαιο 8: Επιτυχία σε έναν κόσμο που αλλάζει διαρκώς

Ένα πράγμα που μου ήταν πάντα σαφές σε διάφορους τομείς της ζωής μου, είτε πρόκειται για τις πολεμικές τέχνες, είτε για τη διοίκηση επιχειρήσεων, είτε ακόμη και για τη διδασκαλία και τη συγγραφή βιβλίων, είναι ότι όσο περισσότερες δεξιότητες διαθέτουμε - όπως λέμε τεχνογνωσία και όχι τεχνικές - τόσο καλύτερα προετοιμασμένοι είμαστε για αλλαγές που πάνε ενάντια στα σχέδιά μας ή τα ευνοούν. Όσο πιο ευέλικτοι είστε, τόσο πιο γρήγορα μπορείτε να προσαρμοστείτε και να αξιοποιήσετε με τον καλύτερο τρόπο κάθε κατάσταση, αποφεύγοντας τις αρνητικές συνέπειες στη ζωή σας.

Δεν είναι πάντα δυνατό να αποφύγετε τα προβλήματα, αλλά είναι δυνατό να ελαχιστοποιήσετε τον αντίκτυπο και την καταστροφή τους. Για παράδειγμα, αν γνωρίζετε ότι οι άνθρωποι είναι αναξιόπιστοι και μπορούν εύκολα να προδώσουν τους άλλους, θα είστε καλύτερα προετοιμασμένοι όταν κάποιος σας κλέψει, αφού σας δώσει αρκετές υποσχέσεις με τις οποίες έχετε δεθεί συναισθηματικά.

Για να ευδοκιμήσουν σε αυτόν τον πλανήτη, οι άνθρωποι πρέπει να είναι πρόθυμοι να φορούν πολλά καπέλα και να εξελίσσονται συνεχώς προκειμένου να πετύχουν, όντας προετοιμασμένοι για τα χειρότερα σενάρια - προδοσία, ασθένεια και χρεοκοπία.

Δεν μπορώ να συμπεριλάβω τον θάνατο εδώ, επειδή δεν έχουμε πολλαπλές ζωές όπως στα βιντεοπαιχνίδια. Έχεις μόνο μια ευκαιρία να κάνεις τα πράγματα σωστά. Αν παλέψεις με έναν άγνωστο που δεν συμπαθείς και αυτός βγάλει όπλο και σε πυροβολήσει, το παιχνίδι τελείωσε, άσχετα με το πόσες μονάδες έχεις συγκεντρώσει με τις καλές σου πράξεις.

Από την άλλη πλευρά, η σκληρή δουλειά και η αφοσίωση δεν αρκούν. Η αυτοφροντίδα και οι ισχυρές σχέσεις εκτός εργασίας είναι επίσης το κλειδί για τη διατήρηση της βέλτιστης ψυχικής υγείας.

Για να παραμείνετε συγκεντρωμένοι και προσανατολισμένοι, είναι σημαντικό να θέτετε στόχους και να παραμένετε ανοιχτοί σε νέες ευκαιρίες και εμπειρίες, τρέφοντας το σώμα και το μυαλό με τις σωστές επιρροές. Ένας αποτελεσματικός τρόπος για να ευδοκιμήσετε σε ένα ποικιλόμορφο περιβάλλον είναι να προσφέρετε στην κοινότητα, να υποστηρίξετε τοπικές επιχειρήσεις και να εργαστείτε εθελοντικά.

Αυτές οι ενέργειες δεν ωφελούν μόνο την κοινωνία, αλλά βοηθούν επίσης τα άτομα να αναπτύξουν νέες δεξιότητες και να διευρύνουν τις προοπτικές τους, ενώ παράλληλα αποκτούν μεγαλύτερη αίσθηση θετικής αυτοεκτίμησης.

Μπορούμε πάντα να μαθαίνουμε από όλες τις εμπειρίες μας, οπότε όσο περισσότερες έχουμε, τόσο περισσότερα θα γνωρίζουμε για τον εαυτό μας και τον κόσμο. Αυτή η στάση θα σας βοηθήσει να παρακολουθείτε τις τάσεις και, αντί να τις φοβάστε, να τις αξιοποιείτε.

Μια τέτοια τάση είναι η ραγδαία ανάπτυξη της τεχνητής νοημοσύνης (AI). Παρόλο που η τεχνητή νοημοσύνη έχει τη δυνατότητα να αντικαταστήσει πολλές τεχνικές και επαναλαμβανόμενες εργασίες, δεν μπορεί να αντιγράψει τη δημιουργικότητα ή την οραματική σκέψη. Η τεχνητή νοημοσύνη μπορεί να αποτελέσει μεγάλο πλεονέκτημα για όσους είναι καλοί στο σχεδιασμό και τη χάραξη στρατηγικής, αν και μπορεί να φανεί εχθρός για όσους συνήθως είναι καλύτεροι στο να ακολουθούν και να υπακούουν σε κανόνες.

Στην περίπτωσή μου, για παράδειγμα, η τεχνητή νοημοσύνη με βοηθά ήδη να βελτιώσω την ποιότητα των γραπτών μου, συνθέτοντας πληροφορίες και συνοψίζοντας μεγάλες ποσότητες κειμένου. Η τεχνητή νοημοσύνη μπορεί επίσης να φέρει επανάσταση στην έρευνα, εάν η ανθρώπινη ευαισθητοποίηση και παρέμβαση διαδραματίσει σημαντικό ρόλο στην προώθηση της ανάπτυξης της τεχνητής νοημοσύνης.

Δυστυχώς, οι περισσότεροι άνθρωποι είναι πολύ εγωκεντρικοί για να το καταλάβουν αυτό, επειδή ενδιαφέρονται περισσότερο για το τι μπορεί να κάνει η τεχνητή νοημοσύνη γι' αυτούς παρά για το τι μπορούν να κάνουν οι ίδιοι για τον κόσμο με την τεχνητή νοημοσύνη. Αυτό θα οδηγήσει σε δύο νέες κατηγορίες ανθρώπων στην κοινωνία - τους αλτρουιστές και τα παράσιτα. Μπορεί να υπάρχουν ήδη, αλλά η τεχνητή νοημοσύνη θα τονίσει τις διαφορές.

Σε λίγα χρόνια, θα γνωρίζουμε σαφώς ποιοι είναι οι ναρκισσιστές και ποιοι οι εγωιστές. Το ερώτημα θα είναι τότε αν θα συνεχίσουμε να τους δίνουμε προσοχή και επιβεβαίωση ή αν θα τους αγνοήσουμε εντελώς για την αξία τους - καμία.Σε ένα ιδανικό μέλλον, τα άτομα θα πρέπει να καταβάλλουν συνειδητή προσπάθεια να προσφέρουν στην κοινωνία. Όχι μόνο θα μπορέσουν να έχουν θετικό αντίκτυπο στην κοινωνία, αλλά θα αναπτύξουν και νέες δεξιότητες και θα διευρύνουν τις προοπτικές τους, προσελκύοντας έτσι περισσότερες ευκαιρίες. Σε έναν κόσμο όπως αυτός, είναι ζωτικής σημασίας να παραμείνετε προσηλωμένοι στους στόχους σας, παραμένοντας ταυτόχρονα ανοιχτοί σε νέες ευκαιρίες και εμπειρίες.

Με την ανάπτυξη ενός συνδυασμού δεξιοτήτων και τη διατήρηση της ισορροπίας μεταξύ προσωπικής και επαγγελματικής ζωής, τα άτομα μπορούν να επιτύχουν σε έναν τόσο διαφορετικό κόσμο.

Κεφάλαιο 9: Ο αντίκτυπος των ψευδών αφηγήσεων στα συστήματα πεποιθήσεων

Ως ανθρώπινα όντα, προσπαθούμε να απλοποιήσουμε την πολυπλοκότητα του κόσμου στον οποίο ζούμε, αναζητώντας συχνά μια μοναδική πηγή ευθύνης για τα πολύπλοκα διλήμματα που αντιμετωπίζουμε. Ωστόσο, αυτή η αναζήτηση της απλότητας οδηγεί συχνά σε διάφορες θεωρίες συνωμοσίας, στη δημιουργία μυστικών εταιρειών και σε διαστρεβλωμένες απόψεις της πραγματικότητας.

Ένα παράδειγμα είναι η ευρέως διαδεδομένη πεποίθηση ότι οι μασόνοι ελέγχουν τα πάντα στον κόσμο, κάτι που απέχει πολύ από την αλήθεια.

Πιστεύω ακράδαντα ότι πρέπει να κατανοήσουμε καλύτερα την πολυπλοκότητα της εξουσίας και της ανθρώπινης κατάστασης προκειμένου να γνωρίζουμε ποιος ελέγχει τι.

Συχνά, το χάος που δημιουργείται από την άγνοια παίζει σημαντικότερο ρόλο σε αυτόν τον έλεγχο από εκείνους που τον χρησιμοποιούν, καθώς είναι πάρα πολύ εύκολο να ελέγξεις έναν πλανήτη του οποίου οι πολίτες δεν ενδιαφέρονται να μάθουν ποιος ή τι συμβαίνει και πού πηγαίνει.

Η εξουσία και η πολυπλοκότητά της είναι μερικά από τα μεγαλύτερα προβλήματα της σημερινής κοινωνίας, με τα άτομα να δίνουν προτεραιότητα στο προσωπικό κέρδος έναντι της ευημερίας των άλλων, και όσο συμβαίνει αυτό, όσο οι άνθρωποι δίνουν προτεραιότητα στον εαυτό τους έναντι του συλλογικού, το κακό θα νικά πάντα.

Αυτό το χαρακτηριστικό έχει εκδηλωθεί με πολλούς τρόπους σε όλη την ιστορία και οι συνέπειες είναι γνωστές - η απληστία που οδηγεί σε παγκόσμιους πολέμους και ο ανταγωνισμός για τους διαθέσιμους πόρους και τον έλεγχο του ποιος κατέχει αυτούς τους πόρους. Οι πρωταγωνιστές σε αυτό το σενάριο έχουν αλλάξει με την πάροδο του χρόνου, αλλά οι καταστροφικές συνέπειες παραμένουν οι ίδιες.

Σε αυτό το σενάριο, είναι σημαντικό να αναγνωρίσουμε ότι καμία θρησκεία ή ομάδα δεν είναι εγγενώς καλή ή κακή. Το κακό μπορεί να υπάρχει σε οποιαδήποτε ομάδα, ανεξάρτητα από την πίστη ή την ένταξή της, επειδή το κακό συνδέεται με πολύ πραγματικά χαρακτηριστικά της προσωπικότητας: εγωισμός, ανταγωνιστικότητα, φθόνος, ξενοφοβία, ρατσισμός και το να βλέπουμε τις διαφορές μας ως απειλή και όχι ως ευκαιρία για ανάπτυξη.

Η ιστορική σύγκρουση μεταξύ του Χριστιανισμού και του Ισλάμ είναι ένα τέλειο παράδειγμα αυτού, επειδή η αιτία παραμένει η ίδια - η άγνοια και από τις δύο πλευρές. Κάθε ομάδα διώκει την άλλη εξαιτίας των ερμηνειών της Βίβλου ή του Κορανίου - βασικά επειδή και οι δύο ομάδες ανθρώπων υποφέρουν από μαθησιακές δυσκολίες και αδυναμία να δεχτούν πραγματικά σωστές ερμηνείες και ιστορικά γεγονότα που αλλάζουν τις πεποιθήσεις τους.

Η πίστη είναι ένα ισχυρό πράγμα, εκτός αν συνδυάζεται με ψευδείς αφηγήσεις. Σε αυτή την περίπτωση, μετατρέπεται σε αλαζονεία, διότι η πίστη σε συνδυασμό με την ηλιθιότητα δεν μπορεί παρά να παράγει διάφορες μορφές κακού.

Τα ψευδή οράματα στα οποία συμβάλλει η θρησκεία οδηγούν επίσης στη διαστρεβλωμένη εικόνα της πραγματικότητας που έχουν πολλοί άνθρωποι σήμερα, οδηγώντας σε διάφορες κοινωνικές και πολιτικές προκαταλήψεις.

Δεν μπορούμε να απελευθερωθούμε από αυτές τις νοητικές αλυσίδες αν δεν εξετάζουμε τα πάντα με κριτική ματιά. Αυτό είναι το κλειδί για την κατανόηση της εξουσίας και της ανθρώπινης κατάστασης.

Η τυφλή εμπιστοσύνη σε οποιαδήποτε πηγή πληροφοριών, ειδικά όταν είναι κρυφή ή μυστική, μπορεί να μας αφήσει με μια διαστρεβλωμένη προοπτική, γι' αυτό και η πίστη χωρίς ιστορική ανάλυση και μια ευρεία, ολοκληρωμένη άποψη της ζωής διαφθείρει την ικανότητά μας να σκεφτόμαστε αποτελεσματικά.

Για παράδειγμα, όσο οι μουσουλμάνοι δεν αποδέχονται ότι ο Μωάμεθ ήταν ένας παιδεραστής και σαδιστής που προσπαθούσε να εξασφαλίσει την υποστήριξη μιας λεγεώνας ανθρώπων για τα εγκλήματά του, και οι χριστιανοί δεν αποδέχονται ότι ο Ιησούς ήταν μάλλον μια εφεύρεση των Ελλήνων, δεν μπορούμε να ελπίζουμε ότι θα σημειώσουμε πρόοδο στη συλλογική μας συνείδηση. Στην πραγματικότητα, οι άνθρωποι είναι πιο γρήγοροι στο να αντικαταστήσουν τη μία θρησκεία με μια άλλη, όπως έκαναν πάντα. Έτσι, το πρόβλημα που έχουν οι περισσότεροι άνθρωποι, αν είναι ειλικρινείς με τον εαυτό τους, είναι εύκολο να το καταλάβουμε, επειδή δεν έχει να κάνει με την αλήθεια ή το ψέμα της θρησκείας τους, αλλά με το με ποια άλλη θρησκεία θα την αντικαταστήσουν.

Είμαι πεπεισμένος, με βάση τις παρατηρήσεις μου, ότι οι άνθρωποι θα εγκαταλείψουν τον Χριστιανισμό και το Ισλάμ εν ριπή οφθαλμού, αν μια άλλη θρησκεία αποδειχθεί καλύτερη στο να ικανοποιεί τις νοητικές τους ψευδαισθήσεις. Όσο καλύτερη είναι η ψευδαίσθηση, τόσο περισσότερους οπαδούς θα έχει. Κανείς δεν ενδιαφέρεται για την αλήθεια, εκτός αν ταιριάζει απόλυτα με τις ψευδαισθήσεις που θέλουν να αποδεχτούν. Οποιαδήποτε ανοησία που ταιριάζει στην ψευδαίσθηση είναι αυτό που αποκαλούν αλήθεια.

Κεφάλαιο 1Ο: Πώς να αμφισβητήσετε τα δόγματα και να υιοθετήσετε την κριτική σκέψη

Ως κοινωνία, πρέπει να αναλύσουμε τα μοτίβα σκέψης και τα κίνητρα που υπαγορεύουν τις πράξεις μας. Είναι απαραίτητο να αναπτύξουμε μια ολοκληρωμένη κατανόηση κάθε κατάστασης, προκειμένου να εξελιχθούμε πέρα από τα τρέχοντα δόγματα που εμποδίζουν την ανθρωπότητα να εξελιχθεί σε υψηλότερα επίπεδα συνείδησης.

Ωστόσο, αυτό είναι ευκολότερο να το λες παρά να το κάνεις, καθώς είναι προφανές ότι οι άνθρωποι είναι ανίκανοι να παραμείνουν αμερόληπτοι λόγω της κοινωνικής επιρροής.

Ο φόβος του αποκλεισμού μέσω της αποστασιοποίησης μας κυριεύει και μας δυσκολεύει να διατηρήσουμε ανοιχτό μυαλό. Επιπλέον, όταν κάποιος προσπαθεί να ρίξει φως σε αλήθειες που δεν αντικατοπτρίζουν τη γνώμη της πλειοψηφίας, οι άνθρωποι συχνά τον υποτιμούν. Προσβάλλουν και επικρίνουν όσους αναζητούν την αλήθεια, υπονοώντας ότι απλώς δεν καταλαβαίνουν τον κόσμο.

Είναι σημαντικό να θυμόμαστε ότι η αλήθεια μπορεί να είναι επώδυνη και άβολη, αλλά είναι απαραίτητη για να προχωρήσουμε μπροστά. Το ερώτημα είναι: σε έναν κόσμο που υποκινείται από την απληστία, γιατί να αναζητήσουμε την αλήθεια, αν δεν υπάρχει κέρδος από αυτήν;

Δεν μπορούμε να διαχωρίσουμε την αναζήτηση της αλήθειας από το οικονομικό κέρδος, επειδή το χρήμα συνδέεται με την εξουσία και την ανθρώπινη κατάσταση. Όπως σωστά προειδοποιεί η Βίβλος, η αγάπη για το χρήμα είναι η ρίζα κάθε κακού, και αυτό δεν είναι υπερβολή. Η κοινωνία μας δοξάζει τον πλούτο και δεν είναι μυστικό ότι οι άνθρωποι θα κάνουν τα πάντα για να διατηρήσουν έναν συγκεκριμένο τρόπο ζωής, ακόμη και αν είναι ηθικά λάθος.

Αυτό το σενάριο εκτυλίσσεται καθώς οι εφευρέτες με σχέδια για δωρεάν ενέργεια και οι γιατροί με ολιστικές θεραπείες για απειλητικές για τη ζωή ασθένειες αναγκάζονται να πουλήσουν τις πατέντες τους ή να αντιμετωπίσουν τρομερές συνέπειες. Το διεφθαρμένο σύστημα που εκμεταλλεύεται τους ανθρώπους και καταστέλλει την επιστημονική και τεχνολογική πρόοδο κρατά τον κόσμο μας στο Μεσαίωνα.Δυστυχώς, οι άνθρωποι με μικρή ή καθόλου οικονομική δύναμη είναι αυτοί που ελέγχονται περισσότερο, γεγονός που καθιστά εξαιρετικά δύσκολο για αυτούς να καταπολεμήσουν τη διαφθορά και να προωθήσουν την αλλαγή.

Στην Κίνα, για παράδειγμα, οι ξένοι εργάτες συμμορφώνονται πρόθυμα με όλες τις απαιτήσεις για να διατηρήσουν τις θέσεις εργασίας τους, παρά το γεγονός ότι επικρίνουν δημοσίως ορισμένες από τις ενέργειες του κομμουνιστικού καθεστώτος.

Η εξουσία αυτού του κομμουνιστικού καθεστώτος, από την άλλη πλευρά, διατηρείται από ένα τεράστιο δίκτυο συνεργασίας και ανταλλαγών μεταξύ διαφορετικών εθνών. Στην πραγματικότητα, δεν είναι οι Κινέζοι που ενισχύουν και υποστηρίζουν το Κομμουνιστικό Κόμμα, αλλά οι λαοί όλου του κόσμου που διατηρούν ισχυρό αυτό το ολοκληρωτικό καθεστώς αγοράζοντας τα περισσότερα προϊόντα τους από την Κίνα.

Στη συνέχεια, το κομμουνιστικό καθεστώς επενδύει σε πιο εξελιγμένα όπλα και περισσότερη κατασκοπεία, ευνοώντας την ανάπτυξη ενός μηχανισμού ικανού να υποτάξει ολόκληρο τον κόσμο και να τον θέσει υπό κομμουνιστικό έλεγχο.

Θα μπορούσαμε να το ονομάσουμε αυτό κάρμα, αλλά είναι πολύ προφανές για να του προστεθεί μια μυστικιστική λέξη. Είναι μια υπερβολική χρήση του εγωισμού και της αδιαφορίας για το τι συμβαίνει στον κόσμο, η οποία στη συνέχεια έχει επιπτώσεις στις ζωές εκείνων που συμβάλλουν στις αδικίες που τελικά υφίστανται.

Όπως έχω πει σε κάποιους από τους αναγνώστες μου, δεν έχει νόημα να μιλάμε για αθώους σε μια σύγκρουση, γιατί όλες οι συγκρούσεις έχουν αθώους. Το ερώτημα είναι: γιατί θεωρείτε τον εαυτό σας αθώο και τους άλλους όχι, ή γιατί νοιάζεστε περισσότερο για τους πολέμους που σας επηρεάζουν παρά για τους πολέμους που επηρεάζουν τους άλλους;

Δεν υπάρχει μία μόνο πηγή ευθύνης όταν πρόκειται για την πολυπλοκότητα της εξουσίας και της ανθρώπινης κατάστασης, διότι πρόκειται για ένα συλλογικό πρόβλημα ή για ένα πρόβλημα χαμηλής συνείδησης. Εναπόκειται στον καθένα μας να αναλάβει την ευθύνη για τις πράξεις του και να προσπαθήσει να δημιουργήσει μια δίκαιη και ισότιμη κοινωνία.

Για να το κάνουμε αυτό, πρέπει να αναλύσουμε τα κίνητρα όσων βρίσκονται στην εξουσία, να αμφισβητήσουμε τις πληροφορίες που μας παρουσιάζονται και να είμαστε πρόθυμοι να αμφισβητήσουμε τις πεποιθήσεις και τις απόψεις μας, και στη συνέχεια να λάβουμε τις ανάλογες αποφάσεις.

Μπορεί να μην μπορούμε να σώσουμε τους άλλους, αλλά μπορούμε να σώσουμε τους εαυτούς μας από τις συνέπειες που οι άλλοι δημιουργούν για τους εαυτούς τους. Αυτό είναι επίσης κριτική σκέψη - είναι η γνώση ότι δεν μπορούμε να κάνουμε πολλά για ό,τι συμβαίνει, αλλά μπορούμε να επιλέξουμε να μην γίνουμε θύματά του.

Το κάνουμε αυτό αναγνωρίζοντας επίσης ότι το κακό μπορεί να υπάρχει σε οποιαδήποτε ομάδα, ανεξάρτητα από τις πεποιθήσεις ή τις σχέσεις της. Όταν συνειδητοποίησα ότι όλες οι θρησκείες είναι γεμάτες από αδαείς ανθρώπους που επικεντρώνονται περισσότερο στο μπάρμπεκιου του Σαββατοκύριακου παρά στην αλήθεια, όταν συνειδητοποίησα ότι τα κίνητρα είναι βασικά το σεξ και το φαγητό ή η πιθανότητα να βρουν σύζυγο για μια ζωή, συνειδητοποίησα ότι όλες οι θρησκείες είναι απάτες. Μια πραγματική θρησκεία δεν μπορεί να προσελκύσει τη συντριπτική πλειοψηφία των ανθρώπων. Ίσως σε έναν άλλο πλανήτη, αλλά όχι εδώ, όχι τώρα!

Κεφάλαιο 11: Παραπλανητικές ιδεολογίες

Η άλλη πλευρά της θρησκείας είναι ο κίνδυνος που εγκυμονούν οι αυτοαποκαλούμενοι γκουρού που ισχυρίζονται ότι έχουν όλες τις απαντήσεις στα ερωτήματα της ζωής. Είναι επιτακτική ανάγκη να αναγνωρίσουμε ότι ορισμένοι από αυτούς τους γκουρού μπορεί να είναι δαιμονισμένοι και να χρησιμοποιούν τις δυνάμεις τους για να εξαπατούν τους οπαδούς τους.

Έχω δει από πρώτο χέρι τις επιζήμιες συνέπειες που μπορούν να έχουν οι δαιμονισμένοι γκουρού στους οπαδούς τους. Ένας τέτοιος γκουρού, ο οποίος έχει μεγάλη λατρεία οπαδών και πολυάριθμα βιβλία στο όνομά του, είναι ιδιαίτερα ανησυχητικός. Οι διδασκαλίες του διατυπώνονται επιδέξια για να καταστρέψουν τα άτομα, αφήνοντάς τα ευάλωτα στα διαβολικά του τεχνάσματα. Για να καταλάβω πώς αυτός ο γκουρού εξαπατά τους οπαδούς του, μελέτησα προσεκτικά τα βιβλία του και ανέλυσα μερικά από τα αποφθέγματά του. Μία από τις πιο συνηθισμένες πεποιθήσεις του είναι ότι πρέπει να επικεντρωνόμαστε στην παρούσα στιγμή και να αγνοούμε το μέλλον ή το παρελθόν. Ωστόσο, αυτή η συμπεριφορά διδάσκει ότι είναι καλύτερο να καταπιέζουμε τις αναμνήσεις μας παρά να δουλεύουμε με αυτές. Αυτή η ανόητη φιλοσοφία που ακολουθείται από πολλούς ανυποψίαστους ανθρώπους, ειδικά σε θρησκευτικές ομάδες, διδάσκει ότι πρέπει να επικεντρωθείτε στο τώρα και να αγνοήσετε όλα τα άλλα.

Ενώ είναι αλήθεια ότι το παρελθόν έχει δύναμη πάνω στα άτομα μόνο αν το επιτρέπουν, αν προσποιούμαστε ότι το παρελθόν δεν υπάρχει, ότι μόνο το παρόν είναι υπό τον έλεγχό μας, τα τραύματα που δεν έχουμε ξεπεράσει θα θάβονται όλο και πιο μακριά από το συνειδητό μας μυαλό, ελέγχοντας τις αποφάσεις μας χωρίς να το συνειδητοποιούμε.

Η αποδοχή του παρελθόντος και η συνέχιση της ζωής σας, από την άλλη πλευρά, σας επιτρέπει να χαλαρώσετε τη λαβή του παρελθόντος και να πάρετε τον έλεγχο της ζωής σας. Ένα άλλο απόσπασμα από αυτόν τον γκουρού προτείνει ότι πρέπει να εστιάζετε μόνο σε θετικές σκέψεις. Το πρόβλημα είναι ότι κάποιες αλλαγές στη ζωή μας υποτίθεται ότι θα είναι αρνητικές, αν κάνουμε λάθος επιλογές, και αυτό μπορούμε να το μάθουμε μόνο αν αποδεχτούμε τις αρνητικές μας σκέψεις. Δεν μπορείτε να αναπτύξετε καλές δεξιότητες σκέψης επιλέγοντας τις σκέψεις που θέλετε. Δεν αναλύετε έτσι την πραγματικότητα, αλλιώς η έρευνα στον ακαδημαϊκό κόσμο δεν θα είχε νόημα. Πρέπει να ξέρουμε τι μας σκοτώνει, αν θέλουμε να ξέρουμε τι μας κρατάει ζωντανούς.

Παρόλο που κάποιες από τις επιλογές μας μπορεί να έχουν αρνητικές συνέπειες, το να μένουμε στο ίδιο μέρος και να περιμένουμε την αλλαγή θα οδηγήσει σε απάθεια και κατάθλιψη. Για να αναπτυχθείς, πρέπει να κάνεις επιλογές και να μαθαίνεις από αυτές, ακόμα κι αν δεν είναι πάντα οι σωστές.

Με άλλα λόγια, δεν πρέπει να ντρέπεστε ή να μετανιώνετε για τις επιλογές σας, αλλά μάλλον για την άγνοια που σας οδήγησε να κάνετε λάθη. Αν μαθαίνεις από ό,τι σου συμβαίνει, δεν υπάρχει λόγος να μετανιώνεις γι' αυτό.

Στην πραγματικότητα, η λύπη θα είναι μικρότερη αν εστιάσετε στο μέλλον - στους στόχους, τα όνειρα και τις φιλοδοξίες σας ή στα πράγματα που σας ενθουσιάζουν το πρωί. Το παρελθόν έχει λιγότερη σημασία όταν ξέρετε τι κάνετε με τη ζωή σας, και έχει μεγαλύτερη σημασία όταν νιώθετε χαμένοι.

Μπορείτε να θυμηθείτε την τελευταία φορά που είχατε κατάθλιψη; Πιθανότατα ήταν όταν δεν βρήκατε τη δουλειά που θέλατε ή όταν μια σχέση που θέλατε να έχετε για το υπόλοιπο της ζωής σας διαλύθηκε. Είναι αυτές οι στιγμές που αμφισβητούμε τον εαυτό μας και οι αναμνήσεις του παρελθόντος έρχονται στην επιφάνεια. Είναι μια φυσική αντίδραση στην απώλεια, επειδή είναι ο τρόπος του εγκεφάλου να μας προστατεύει από μελλοντικές απογοητεύσεις και αποτυχίες.

Για παράδειγμα, αν κάποιος σας προδώσει, μπορεί ξαφνικά να θυμηθείτε όλους τους ανθρώπους που σας πρόδωσαν. Ο σκοπός αυτού δεν είναι να σας κάνει να νιώσετε αποτυχημένοι, σαν να μην έχετε κανέναν έλεγχο πάνω στη μοίρα σας, αλλά να σας δείξει μοτίβα. Είναι ο τρόπος του εγκεφάλου να σας πει: "Κοιτάξτε αυτό! Παρακαλώ αποφύγετε το κοιτάζοντας τις ομοιότητες, γιατί τα μοτίβα είναι πάντα τα ίδια! Αναγνωρίστε αυτά τα μοτίβα!"

Η αδυναμία αναγνώρισης των μοτίβων είναι αυτό που μας κάνει να έχουμε κατάθλιψη, οπότε δεν βοηθάει όταν βρίσκουμε έναν θεραπευτή που μας λέει ότι δεν υπάρχει ελπίδα και ότι δεν μπορούμε να κάνουμε τίποτα. Στην πραγματικότητα, αυτό έχω ακούσει το μεγαλύτερο μέρος της ζωής μου σε διάφορες θρησκευτικές ομάδες, επειδή οι θρησκείες είναι γεμάτες ηλίθιους, ειδικά οι πιο μυστικιστικές ομάδες όπως οι Ροδόσταυροι και οι Βουδιστές.

"Είναι το κάρμα σου! Πρέπει να ήσουν κακός άνθρωπος σε μια άλλη ζωή ή σε πολλές ζωές!" έλεγαν, επειδή οι άνθρωποι λατρεύουν να σε κάνουν να νιώθεις ένοχος και άχρηστος όπως αυτοί. Ωστόσο, το πρώτο πράγμα που πρέπει να διορθώσετε είναι τα μοτίβα της αποτυχίας.

Μερικές φορές, ή συχνά, πρέπει απλώς να περάσετε ένα σύνορο στην άλλη πλευρά και να βρείτε ανθρώπους που σκέφτονται διαφορετικά. Έχω ταξιδέψει τόσο πολύ που, σε αυτό το σημείο, αυτό είναι πολύ προφανές για μένα. Είμαστε τόσο άσχημοι όσο ο αριθμός των ανθρώπων που μας θεωρούν άσχημους. Μπορεί να βρεθείς σε ένα μέρος όπου όλοι πιστεύουν ότι είσαι όμορφη. Για παράδειγμα, οι Κινέζοι, επειδή έχουν μικρές μύτες και βλεφαρίδες, πιστεύουν ότι όποιος έχει μεγάλη μύτη και μεγάλες βλεφαρίδες είναι όμορφος, οπότε οι Άραβες άνδρες τείνουν να θεωρούνται ελκυστικοί από τις Κινέζες.

Κεφάλαιο 12: Κενές υποσχέσεις

Μ ια από τις πιο συνηθισμένες παραπλανητικές διδασκαλίες σήμερα είναι: "Οι σκέψεις σας δημιουργούν τις καταστάσεις σας!"

Αν και οι άνθρωποι αγαπούν την απλότητα αυτής της δήλωσης, η εφαρμογή της δεν είναι τόσο απλή. Οι εξωτερικοί παράγοντες, όπως οι ενέργειες των άλλων ή τα απρόβλεπτα γεγονότα, μπορούν επίσης να έχουν σημαντικό αντίκτυπο στις καταστάσεις. Η αγνόηση αυτού του γεγονότος μπορεί να οδηγήσει σε τεράστιο άγχος για τη ζωή και τους ανθρώπους. Αυτό που με ανησυχεί περισσότερο είναι η προσωπικότητα τέτοιων γκουρού που φαίνεται να έχουν συγκεντρώσει σημαντικό αριθμό οπαδών. Δεν είναι ασυνήθιστο για τους ανθρώπους να εμπιστεύονται την εμφάνιση, και αυτά τα άτομα συχνά μοιάζουν με λύκους ντυμένους πρόβατα. Χειραγωγούν τους οπαδούς τους, οι οποίοι τους εμπιστεύονται τυφλά χωρίς να αμφισβητούν τις διδασκαλίες τους, επειδή τέτοιοι γκουρού μιλούν απαλά, όπως επιθυμούν οι άνθρωποι χαμηλής συνείδησης. Ο κίνδυνος αυτών των γκουρού είναι ότι δίνουν στους ανθρώπους την ψευδαίσθηση της κατανόησης χωρίς να τους βοηθούν πραγματικά να κατανοήσουν. Υπόσχονται γρήγορες λύσεις σε πολύπλοκα προβλήματα, αλλά οι λύσεις τους είναι συχνά ελλιπείς ή λανθασμένες. Ενθαρρύνουν τους ανθρώπους να αγνοούν το παρελθόν και τον πόνο τους, καθιστώντας τους πιο ευάλωτους στη χειραγώγηση.

Καθώς οι περισσότεροι άνθρωποι δεν έχουν επίγνωση της πολυπλοκότητας της ζωής και δεν καταλαβαίνουν πώς οι ψευδείς διδασκαλίες που προωθούνται από πολλούς μπορούν να οδηγήσουν στην αποτυχία, συχνά, όπως έχω δει, δεν είναι σε θέση να κάνουν τη σύνδεση όταν αποτυγχάνουν στη ζωή επειδή ακολούθησαν λάθος διδασκαλίες. Δεν είναι σε θέση να επεξεργαστούν μια τέτοια ανάλυση και να παραδεχτούν ότι οι άνθρωποι που εμπιστεύτηκαν έκαναν λάθος και ότι οι ίδιοι έκαναν λάθος. Είναι μια ισχυρή επίθεση στον εγωισμό τους και στην ιδέα ότι ξέρουν τι κάνουν στη ζωή τους.

Αντ' αυτού, επιλέγουν την απάθεια, επειδή η απάθεια είναι ευκολότερη, λένε "δεν φταίω εγώ γιατί έκανα ό,τι έκαναν οι άλλοι".

Το να αναλάβεις την ευθύνη για τη ζωή σου και να σταθείς απέναντι στους άλλους είναι πιο τρομακτικό, γι' αυτό και οι περισσότεροι άνθρωποι δεν το κάνουν. Προτιμούν να αποτύχουν. Θυσιάζουν την ύπαρξή τους για την αποδοχή της κοινότητάς τους. Από το φόβο της ντροπής, ντροπιάζουν τον εαυτό τους! Έχω γνωρίσει πολλούς ανθρώπους που μοιάζουν με αυτούς τους γκουρού- στην πραγματικότητα, οι περισσότεροι άνθρωποι είναι τόσο παθιασμένοι με την ιδέα να τους θαυμάζουν χωρίς λόγο, ώστε αντιγράφουν τις ίδιες ιδέες και αναζητούν το ίδιο είδος θαυμασμού. Πολλοί από αυτούς έχουν γράψει ή σχεδιάζουν να γράψουν βιβλία, χωρίς να προσθέτουν τίποτα σε μια αγορά κορεσμένη από σκουπίδια. Μου λένε μάλιστα: "Είμαι συγγραφέας σαν κι εσένα", κάτι που είναι εκπληκτικό. Δεν ξέρω καν αν πρέπει να προσβληθώ ή να εκπλαγώ με την απόλυτη βλακεία τους. Δεν έχουν ιδέα πόσοι γαλαξίες απέχουν από το να καταλάβουν αυτό που γράφω.

Είναι πολύ τυχεροί που μετενσαρκώνονται ως άνθρωποι, επειδή δεν έχουν ακόμη επεξεργαστεί την πραγματικότητα στο επίπεδο ενός γουρουνιού. Πολλοί από αυτούς ισχυρίζονται ότι έχουν όλες τις απαντήσεις στα προβλήματα ενός ατόμου και προσφέρουν εύκολες λύσεις. Κάποιοι μου έχουν πει μάλιστα ότι προσφέρουν συνεδρίες coaching, πράγμα που προκαλεί έκπληξη, αλλά ο ανόητος διδάσκει τον ανόητο, επειδή ο ένας ανόητος είναι πολύ ηλίθιος για να καταλάβει ότι δεν μπορεί να βοηθήσει και ο άλλος είναι πολύ ηλίθιος για να καταλάβει ότι δεν τον βοηθούν.

Δεν έχουν όλοι οι γκουρού ή οι δάσκαλοι το συμφέρον των οπαδών τους στο μυαλό τους, αλλά οι άνθρωποι δεν έχουν τη διάκριση να το δουν αυτό. Επιπλέον, ορισμένοι γκουρού έχουν καταληφθεί από δαίμονες και χρησιμοποιούν τις δυνάμεις τους για να εξαπατήσουν τους οπαδούς τους, και το κάνουν τόσο καλά που χρειάζεται τεράστια γνώση για να αναγνωρίσει κανείς τις παγίδες που χρησιμοποιούν στη φωνή και τα μοτίβα σκέψης τους.

Αντί να ακολουθείτε τυφλά έναν χαρισματικό ηγέτη, είναι σημαντικό να εκπαιδεύεστε και να αναζητάτε καθοδήγηση από διάφορες πηγές πριν αποφασίσετε τι είναι αληθινό. Στην πραγματικότητα, λέω πάντα στους οπαδούς μου να μην με εμπιστεύονται, γιατί δεν χρειάζομαι να με εμπιστεύονται. Τους χρειάζομαι να καταλάβουν, και μπορούν να καταλάβουν μόνο αν είναι σε θέση να προβληματιστούν πάνω στις διδασκαλίες και να τις εφαρμόσουν. Είναι ανώφελο να διδάσκεις κάτι που δεν εφαρμόζεται ή δεν έχει αποδεδειγμένη αποτελεσματικότητα. Αλλά προσπαθήστε να το πείτε αυτό σε έναν ψυχολόγο! Ειδικά οι γκουρού με δαιμονικές εμμονές αποτελούν επικίνδυνη απειλή για τους ανθρώπους που αναζητούν καθοδήγηση στον κόσμο της πνευματικότητας και της αυτοβοήθειας, επειδή δεν είναι απαραίτητα αδαείς, αλλά μάλλον επιδέξιοι στο να χρησιμοποιούν την άγνοια των άλλων εναντίον τους.

Κεφάλαιο 13: Αποδοχή της πολυπλοκότητας και της αντίφασης

Σ υχνά στρεφόμαστε στα βιβλία για καθοδήγηση και διαφώτιση ή στη θρησκεία και την πνευματικότητα για παρηγοριά και διαύγεια, αλλά τι συμβαίνει όταν οι απαντήσεις που αναζητούμε δεν είναι αυτές που περιμένουμε ή όταν ανακαλύπτουμε ότι οι πηγές που θεωρούσαμε αξιόπιστες δεν είναι τελικά; Η αναζήτηση της αλήθειας είναι ένα ευγενές εγχείρημα, αλλά δεν είναι πάντα εύκολο. Στην πορεία συναντάμε εμπόδια και προκλήσεις που μας κάνουν να αμφισβητούμε τις πεποιθήσεις μας και την κατανόηση του κόσμου. Μπορεί ακόμη και να συναντήσουμε ανθρώπους που προσπαθούν να μας εξαπατήσουν, που έχουν τους δικούς τους στόχους και τα δικά τους κίνητρα.

Στην προσπάθειά μου για γνώση, έμαθα ότι αν θέλω να εμπιστεύομαι αυτά που πιστεύουν οι άλλοι, πρέπει να είμαι ανοιχτόμυαλος και πρόθυμος να αμφισβητήσω τις δικές μου πεποιθήσεις. Όταν όμως εξετάζω τα στοιχεία και τα κρίνω με βάση την αξία τους και όχι με βάση τις προκαταλήψεις ή τις προκαταλήψεις μου, γίνεται σαφές ότι οι περισσότεροι άνθρωποι κάνουν απόλυτο λάθος για τα πάντα. Απλώς δεν έχουν μπει στον κόπο να το δουν επειδή η ζωή τους είναι πολύ εύκολη για να ανησυχούν. Πολλοί αρκούνται στο να κάθονται σε μια καρέκλα με κλειστά μάτια και να αδειάζουν το μυαλό τους, αν υπήρχε ποτέ μυαλό για να αδειάσει.

Επεκτείνω την εξέταση εναλλακτικών προοπτικών και θεωριών, ακόμη και αν έρχονται σε αντίθεση με τις δικές μου πεποιθήσεις, για να διερευνήσω τι είναι αλήθεια και τι όχι, χρησιμοποιώντας συχνά τις ίδιες αρχές που δίδαξα στους φοιτητές μου σε πανεπιστημιακό επίπεδο. Έχω διαπιστώσει ότι οι περισσότεροι άνθρωποι είναι πολύ αδαείς για να γνωρίζουν τη διαφορά μεταξύ αυτού που θέλουν να πιστεύουν και αυτού που αποδεικνύει η έρευνα.

Στην πραγματικότητα, ακόμη και αν τους δείξετε ότι έχουν παρερμηνεύσει τα δικά τους βιβλία και έχουν μοιραστεί αυτή την παρερμηνεία με άλλους, κάνοντας ουσιαστικά τους πάντες να κάνουν λάθος για το τι έχει γράψει ένας συγγραφέας, θα εξακολουθούν να ισχυρίζονται ότι εσείς κάνετε λάθος, όχι αυτοί, επειδή το να παραδεχτούν ότι έκαναν λάθος για πολλά χρόνια είναι πάρα πολύ γι' αυτούς.

Δεν έχει σημασία ότι ήμουν καθηγητής πανεπιστημίου στην ακαδημαϊκή συγγραφή, ή σύμβουλος επιχειρήσεων, ή ακόμη και ότι εργάστηκα για πολλά χρόνια ως εκπαιδευτικός στον τομέα των μαθησιακών δυσκολιών, τίποτα από αυτά δεν έχει σημασία για τους πολύ ηλίθιους. Στην πραγματικότητα, ανακάλυψα ότι η συντριπτική πλειοψηφία των μασόνων, των Ροδόσταυρων και πολλών ανθρώπων από άλλες αποκρυφιστικές ομάδες είναι πολύ ηλίθιοι. Έτσι, όταν κάποιος με ρωτάει αν υπάρχουν οι Ιλλουμινάτι, δεν ξέρω τι να του πω. Η έννοια υπάρχει, αλλά το να πούμε ότι αυτοί οι άνθρωποι είναι πεφωτισμένοι θα ήταν σαν να βάζουμε ένα μάτσο πρόβατα σε μια εκκλησία και να τους αποκαλούμε Χριστιανούς.

Υπάρχει λόγος για τον οποίο τα μέλη αυτών των ομάδων διαβάζουν όλα τα βιβλία μου, και ο λόγος είναι προφανής. Πρέπει να σέβομαι ταπεινά τους μασόνους που εκτιμούν τα γραπτά μου και να περιφρονώ εκείνους που είναι πολύ ζηλόφθονοι και αλαζόνες για να μάθουν από μένα.

Δυστυχώς, πολλοί άνθρωποι δεν είναι πρόθυμοι να αντιμετωπίσουν τα λάθη τους, όσα χρόνια κι αν έχουν σπαταλήσει σε αυτά. Προτιμούν να πεθάνουν μέσα στο λάθος παρά να αλλάξουν γνώμη. Αντ' αυτού, θα εργαστούν σκληρότερα για να βρουν συγγραφείς και πηγές που επιβεβαιώνουν τις προκαταλήψεις και τις πεποιθήσεις τους, αντί να τις αμφισβητήσουν. Θέλουν εύκολες απαντήσεις και απλές εξηγήσεις, ακόμα κι αν δεν είναι απολύτως ακριβείς.

Αυτή η προσέγγιση είναι επικίνδυνη, διότι οδηγεί στη διάδοση της παραπληροφόρησης και των ψευδών γεγονότων. Οι άνθρωποι επενδύουν τόσο πολύ στις δικές τους πεποιθήσεις και ατζέντες που είναι πρόθυμοι να πουν ψέματα και να χειραγωγήσουν τους άλλους για να τις προωθήσουν. Αυτό είναι ένα ανθρώπινο πρόβλημα και πρέπει να το αναγνωρίσουμε ως τέτοιο.

Η ανθρωπότητα είναι πολύ εγωιστική και ηλίθια για να το ξεπεράσει. Όμως, παρά αυτή τη ζοφερή εκτίμηση της ανθρώπινης φύσης, παραμένω αισιόδοξος. Πιστεύω ότι υπάρχουν ακόμη άνθρωποι που είναι πρόθυμοι να αναζητήσουν την αλήθεια, να αμφισβητήσουν τις πεποιθήσεις τους και να εξετάσουν τα στοιχεία. Πιστεύω ότι υπάρχουν ακόμη άνθρωποι που είναι πρόθυμοι να εργαστούν και να προσπαθήσουν να κατανοήσουν τον κόσμο γύρω τους.

Ωστόσο, πρέπει να σας προειδοποιήσω ότι η δική μου αναζήτηση για κατανόηση ήταν μακρά και πολύπλοκη. Έχω διαβάσει αμέτρητα θρησκευτικά κείμενα και φιλοσοφικές πραγματείες και έχω αναζητήσει απαντήσεις σε πολλά διαφορετικά μέρη. Συνάντησα πολλά εμπόδια και προκλήσεις στην πορεία και έπρεπε να αποδεχτώ ότι οι περισσότεροι άνθρωποι θα προτιμούσαν να με προσβάλουν παρά να μάθουν την αλήθεια.

Μέσα από την έρευνά μου, κατέληξα στο συμπέρασμα ότι όλες οι θρησκείες, παγανιστικές και μη, προέρχονται από παλαιότερα κείμενα, όπως οι Ινδουιστικές γραφές. Αν και πολλές θρησκείες ισχυρίζονται ότι είναι οι πρώτες, οι καλύτερες ή οι πιο μοναδικές, η αληθινή ιστορία του κόσμου δεν είναι αυτή που μας έχουν διδάξει. Ο κόσμος ήταν κάποτε διαφορετικός, ο χάρτης του κόσμου ήταν διαφορετικός και πολλοί πολιτισμοί που σήμερα είναι χωριστοί ήταν κάποτε ένας και ο αυτός. Έτσι, ενώ παραδέχομαι ότι μπορεί να μην έχω όλες τις απαντήσεις, πιστεύω ότι αν οι άνθρωποι θέλουν πραγματικά την αλήθεια και δεν επιβάλλουν τις απόψεις τους στους άλλους, θα τη βρουν.

Κεφάλαιο 14: Η αναζήτηση της αλήθειας εν μέσω καταπίεσης

Η αναζήτηση της αλήθειας είναι μια ευγενής προσπάθεια, αλλά δεν είναι εύκολη. Απαιτεί προθυμία να αμφισβητήσουμε τις πεποιθήσεις μας και δέσμευση να εξετάσουμε τα στοιχεία, ακόμη και όταν αυτά έρχονται σε αντίθεση με όλους όσους γνωρίζουμε.

Πρέπει να είμαστε ειλικρινείς με τον εαυτό μας και τους άλλους, παρά την αγένειά τους όταν έρχονται αντιμέτωποι με τα λάθη τους, γιατί η αναγνώριση των δικών μας περιορισμών και προκαταλήψεων είναι ζωτικής σημασίας για τη διάκριση της αλήθειας. Τα δύο αυτά στοιχεία δεν μπορούν να διαχωριστούν. Μέσα από αυτή τη διαδικασία μπορούμε να κατανοήσουμε πραγματικά τον κόσμο μας και τη θέση μας σε αυτόν.

Αν συνεχίσουμε στον ίδιο δρόμο που ακολουθούμε εδώ και αιώνες, το μέλλον που μας περιμένει είναι αυτό του ελέγχου, της καταπίεσης και, τελικά, της γενοκτονίας. Είναι ένα μέλλον που δημιουργείται μπροστά στα μάτια μας και όμως, ενώ εμείς το βλέπουμε, οι κυβερνήσεις μας δίνουν το λαμπρό παράδειγμα.

Το όραμα της κινεζικής κυβέρνησης για μια νέα παγκόσμια τάξη πραγμάτων είναι μια εκδήλωση αυτού του γεγονότος, ένα παράδειγμα όλων όσων δεν πάνε καλά στον κόσμο μας.

Έχοντας βιώσει τη ζωή κάτω από ένα κομμουνιστικό καθεστώς, μπορώ να βεβαιώσω ότι οι σημερινές μορφές καταπίεσης και ελέγχου είναι εντελώς διαφορετικού επιπέδου σκληρότητας.

Το καθεστώς της Κίνας απαιτεί απόλυτη υπακοή στο Κομμουνιστικό Κόμμα, χωρίς κανένα περιθώριο για ανεξάρτητη σκέψη, προσωπικές ελευθερίες ή θρησκεία. Όσοι τολμούν να εκφράσουν διαφορετική άποψη ή κριτική φιμώνονται - οι τραπεζικοί λογαριασμοί και οι λογαριασμοί τους στα μέσα κοινωνικής δικτύωσης ακυρώνονται και πολλοί αναγκάζονται να τρώνε έντομα ή χειρότερα.

Το κινεζικό μοντέλο καταστολής γίνεται γρήγορα πρότυπο για τις κυβερνήσεις σε όλο τον κόσμο, με τις κυβερνήσεις να αναλαμβάνουν πρόθυμα τον μανδύα της τυραννίας. Αλλά το πρόβλημα δεν αφορά μόνο τις κυβερνήσεις. Πηγαίνει βαθύτερα από αυτό. Έχει τις ρίζες του σε έναν εφησυχασμένο πληθυσμό που ακολουθεί τυφλά και αγνοεί την αλήθεια που θα έπρεπε να είναι προφανής σε όλους μας.

Ακόμη και μπροστά σε αποδείξεις, οι άνθρωποι κλείνουν τα μάτια σε αυτές τις φρικαλεότητες, γεγονός που καθιστά ακόμη πιο εύκολο για τα καταπιεστικά καθεστώτα να ριζώσουν. Ακόμα και όταν οι άνθρωποι προσπαθούν να αποκαλύψουν την αλήθεια, αντιμετωπίζουν εχθρότητα και οι εταιρείες μέσων κοινωνικής δικτύωσης, ειδικά εκείνες στη Δύση που ανήκουν στους ομίλους μέσων ενημέρωσης που επωφελούνται από αυτή την καταπίεση, λογοκρίνουν το μήνυμά τους. Έχοντας συναντήσει πολλούς ανθρώπους όλα αυτά τα χρόνια που ισχυρίζονται ότι γνωρίζουν την αλήθεια, μου κάνει εντύπωση το γεγονός ότι πολλοί από αυτούς ενδιαφέρονται μόνο για τη δική τους φήμη και έχουν λιγότερα κίνητρα για να κάνουν μια απτή διαφορά.

Χρειαζόμαστε μια ενωμένη κοινότητα ατόμων που να μπορούν να κάνουν ειλικρινείς συζητήσεις και να αναζητούν την αλήθεια μαζί, αντί να διατηρούν τα προσχήματα. Πρέπει να αναγνωρίσουμε τον ρόλο που έχει διαδραματίσει η άγνοια στην παρούσα κατάστασή μας.

Πρέπει να αποδεχτούμε ότι η αλλαγή είναι απαραίτητη - ότι δεν μπορούμε να συνεχίσουμε σε αυτό το μονοπάτι της άγνοιας και της τυφλής υπακοής. Χρειαζόμαστε αξιόπιστες πηγές πληροφόρησης και πρέπει να ενωθούμε ενάντια σε αυτή την καταπίεση. Αλλά είμαι απελπισμένος ότι η αλλαγή θα συμβεί ποτέ. Πάρα πολλοί από αυτούς που βρίσκονται στην εξουσία καθοδηγούνται από καθαρή απληστία - μια επιθυμία να ελέγχουν και να κυριαρχούν με κάθε κόστος.

Χωρίς καμία πνευματική διάσταση σε αυτά τα κακά άτομα που προσπαθούν να ελέγξουν τον κόσμο, είναι πιο ανησυχητικά από ποτέ: ορισμένοι επιδίδονται ακόμη και σε τελετουργίες κατανάλωσης του αίματος απαχθέντων παιδιών για να διατηρήσουν τη νεότητά τους.

Η κατάσταση είναι τρομερή - και πρέπει να αρχίσουμε να αναζητούμε νέες και αξιόπιστες πηγές πληροφόρησης. Υπάρχουν κάποιες πλατφόρμες που προσφέρουν πηγές που μπορούμε να εμπιστευτούμε - πηγές που μας επιτρέπουν να ερευνήσουμε τα ευρέως διαδεδομένα ψέματα που διαδίδουν οι κυβερνήσεις. Αυτές οι πλατφόρμες είναι λιγότερο λογοκριμένες από τα δημοφιλή ή παραδοσιακά μέσα ενημέρωσης, τα οποία ενδιαφέρονται περισσότερο για τίτλους clickbait παρά για την ενημέρωση των ανθρώπων για την αλήθεια.Ο ίδιος ο πληθυσμός δεν τα πάει καλά - αδυνατεί να δει τα γεγονότα του κόσμου γύρω του. Οι λογικές, βασισμένες σε γεγονότα συζητήσεις εξαφανίζονται ταχύτατα, καθώς οι άνθρωποι επικοινωνούν μέσω του συναισθήματος και συχνά με ελάχιστη βάση στην πραγματικότητα. Είμαστε ακυβέρνητοι, ένα πλοίο σε φουρτουνιασμένη θάλασσα, που προσκολλούμαστε ο ένας στον άλλο για να επιπλεύσουμε.

Με τον θυμό και τη βία σε έξαρση, πρέπει να είμαστε σε εγρήγορση για να προστατεύσουμε τους εαυτούς μας και τις οικογένειές μας. Το μέλλον μας είναι ζοφερό, αλλά πρέπει να είμαστε πρόθυμοι να το αντιμετωπίσουμε. Πρέπει να αναζητήσουμε την αλήθεια και να ενωθούμε με άλλους που μοιράζονται τις ανησυχίες μας.

Δεν πρέπει να επιτρέψουμε στις κυβερνήσεις και τις ελίτ να μας λένε τι να πιστέψουμε, καθώς οι αλήθειες τους συχνά ταυτίζονται με τις διψασμένες για εξουσία ατζέντες τους. Πρέπει να αρνηθούμε να παραχωρήσουμε τις ελευθερίες μας - το δικαίωμά μας να μιλάμε και να σκεφτόμαστε ελεύθερα - σε εκείνους που θέλουν να μας τις αφαιρέσουν. Είναι δική μας ευθύνη να ανακαλύψουμε την αλήθεια και καθήκον μας να αγωνιστούμε για ένα καλύτερο μέλλον.

Κεφάλαιο 15: Η αληθινή πηγή της ελπίδας

Είναι δύσκολο να ξέρεις ποιον να εμπιστευτείς, ποιον να πιστέψεις ή ακόμη και ποιος είναι ο καλύτερος δρόμος. Πάρτε, για παράδειγμα, την πρόσφατη πρόταση σε μια διάσκεψη της ΕΕ για τη διαίρεση της Ρωσίας σε μικρότερα κράτη που θα κυβερνώνται από τη Δύση. Πρόκειται για ένα προκλητικό σχέδιο βγαλμένο κατευθείαν από το εγχειρίδιο του Πρώτου και του Δεύτερου Παγκοσμίου Πολέμου. Αποκαλύπτει μια απίστευτη έλλειψη πρόβλεψης και κατανόησης των συνεπειών. Και όμως υπάρχουν κάποιοι που φαίνεται να πιστεύουν ότι είναι καλή ιδέα.

Επιπλέον, οι θηριωδίες που διαπράττει η Κίνα συχνά αγνοούνται. Η Κίνα βάζει ανθρώπους σε στρατόπεδα συγκέντρωσης, εισβάλλει σε διάφορα έθνη και εξαφανίζει δημόσιους διαδηλωτές. Ο πλούτος και η δύναμή της δεν αντισταθμίζουν την έλλειψη ανθρωπιστικών αξιών, γεγονός που δημιουργεί ένα επικίνδυνο προηγούμενο. Μια άλλη ανησυχητική τάση είναι ότι οι άνθρωποι απλώς αγνοούν τον χαοτικό κόσμο γύρω τους. Είναι σαν να έχουν αποσυρθεί στις δικές τους φούσκες, όπου βλέπουν μόνο αυτό που θέλουν να δουν. Η πραγματικότητα αντικαθίσταται από τις προσωπικές πεποιθήσεις και την άγνοια των γεγονότων, τα οποία στη συνέχεια καταπιέζονται με διάφορες μορφές ψυχαγωγίας.

Όλοι θέλουν να είναι ευτυχισμένοι, όλοι θέλουν να αισθάνονται σημαντικοί και σχεδόν κανείς δεν ενδιαφέρεται για μια αλήθεια που μοιάζει τρομακτική ή τραυματική.

Οι άνθρωποι έχουν τέτοια εμμονή με τα συναισθήματά τους που ο ναρκισσισμός τους υπερισχύει όλων των άλλων. Και θα κάνουν τα πάντα για να είναι ευτυχισμένοι, ακόμα και να αγνοούν τι συμβαίνει στον υπόλοιπο κόσμο. Λίγοι άνθρωποι νοιάζονται τόσο πολύ για το τι συμβαίνει στους άλλους όσο όταν συμβαίνει σε αυτούς.

Έχουμε περάσει από μια κοινωνία που καθοδηγείται από τις αξίες της κοινότητας σε μια κοινωνία απόλυτου εγωισμού. Οι άνθρωποι έχουν αποκτήσει υπερβολική εμμονή με τον εαυτό τους.

Για παράδειγμα, συναντώ συνέχεια αγνώστους που μου λένε ότι θέλουν να γράψουν ένα βιβλίο και όλοι με ρωτούν το ίδιο πράγμα: πώς το πουλάς;

Κανείς δεν με έχει ρωτήσει ποτέ πώς να γράψω ένα βιβλίο που αξίζει να το αγοράσω και να το διαβάσω.

Οι άνθρωποι πραγματικά πιστεύουν ότι έχω ένα μαγικό ραβδί που κάνει τα βιβλία να πωλούνται με τη βία σε αφελείς αναγνώστες και ότι η συγγραφή μου δεν είναι ποιότητας που αξίζει να πληρώσω. Αλλά γιατί να πιστεύουν το αντίθετο αν δεν έχουν διάκριση ή λογική;

Το γεγονός ότι οι άνθρωποι έχουν εμμονή με τον εαυτό τους σχετίζεται με την αντίθετη οπτική τους, που είναι η έλλειψη ενδιαφέροντος για τον κόσμο, η απόλυτη περιφρόνηση για τους άλλους ανθρώπους. Έτσι, οι άνθρωποι θέλουν να επικυρώνονται από τους ίδιους τους ανθρώπους που περιφρονούν. Πού είναι η λογική; Δεν τη βλέπουν!

Θα μπορούσαμε μάλιστα να πούμε ότι δεν γινόμαστε μάρτυρες ενός ανθρώπινου προβλήματος τόσο πολύ όσο μιας μεγάλης ψυχικής ασθένειας που εξαπλώνεται ραγδαία. Αλλά όταν οι περισσότεροι άνθρωποι μου λένε ανοιχτά ότι το φυσιολογικό είναι μια ψευδαίσθηση και ότι κανείς δεν είναι φυσιολογικός, δεν υπάρχουν πολλές ελπίδες γι' αυτούς.

Τους ενδιαφέρει πάρα πολύ να μοιάζουν με όλους τους άλλους, τους ίδιους ανθρώπους που περιφρονούν, και ταυτόχρονα θέλουν να επικυρωθούν. Δεν βγάζει νόημα, αλλά δεν μπορούν να το δουν! Οι αισθήσεις τους είναι απενεργοποιημένες, η συνείδησή τους είναι καλυμμένη και μοιάζουν να είναι παγιδευμένοι σε έναν κύκλο ταπείνωσης, σαν κινούμενα ζόμπι. Ο σημερινός χρόνος μπορεί να μας κάνει να αισθανόμαστε σαν να ζούμε σε μια μεγάλη θεωρία συνωμοσίας - οι περισσότεροι άνθρωποι δεν είναι πραγματικά ζωντανοί, παρόλο που καταλαμβάνουν ένα σώμα από σάρκα.

Όσο περισσότερο κοιτάμε τη μεγάλη εικόνα και συνδέουμε τις τελείες, τόσο λιγότερο άνετα αισθανόμαστε. Και αυτό είναι το ξύπνημα - να συνειδητοποιείς ότι είσαι μόνος σου σε έναν κόσμο ανόητων.

Καθώς προσπαθούμε να βγάλουμε νόημα από όλα αυτά, μαθαίνουμε ότι υπάρχουν πολύ λίγοι άνθρωποι στον κόσμο που θέλουν να έχουν ενσυναίσθηση, που θέλουν να εκθέσουν τις αδικίες και να αγωνιστούν για έναν καλύτερο κόσμο.

Μπορεί να νιώθουμε μόνοι, αλλά δεν είμαστε. Μοιραζόμαστε μια παρόμοια εμπειρία μαζί τους, και αυτό μπορεί να μας βοηθήσει να επιμείνουμε, ακόμη και αν είμαστε μειοψηφία. Είναι αυτή η ελπίδα που μας κρατάει στην επιφάνεια σε έναν κόσμο που φαίνεται να βυθίζεται με γοργούς ρυθμούς σε μια άβυσσο αυτοκαταστροφής.Η πίστη μας μας στηρίζει στη θλίψη. Μας δίνει ελπίδα όταν ο κόσμος φαίνεται να μην προσφέρει τίποτε άλλο παρά απελπισία. Αλλά δεν μιλάω για την πίστη σε μια θρησκεία, αλλά για την πίστη στον εαυτό μας.

Αυτή είναι μια σύνθετη πρόκληση, γιατί ποιοι είμαστε όταν οι άλλοι μας λένε ότι δεν είμαστε κανένας;

Η σημασία της απάντησης σε αυτό το ερώτημα είναι ανάλογη με τις ερωτήσεις που θέσαμε για το γιατί οι άλλοι χάνονται.

Είναι δύσκολο να ξέρεις τι να πιστέψεις ή ποιον να εμπιστευτείς σε έναν κόσμο όπως αυτός, αλλά η αλήθεια είναι συχνά αυτό που μας κρατάει στα λογικά μας. Το ξέρω αυτό γιατί όταν δεν είχα τίποτα, η αλήθεια ήταν αυτό που με κράτησε ζωντανό. Ήταν η γνώση όταν κανείς άλλος δεν μπορούσε να δει το ίδιο ή να εμπιστευτεί αυτό που ήξερα, που με κράτησε ζωντανό. Και, στο τέλος, κατάφερα αυτό που κανείς δεν θεωρούσε δυνατό, γιατί χίλιοι ανόητοι δεν κάνουν έναν σοφό άνθρωπο.

Δεν έχει σημασία τι πιστεύουν χίλιοι ανόητοι, αν ξέρεις τι κάνεις και πού πηγαίνεις. Και παρόλο που έχω συναντήσει ανθρώπους που δεν πιστεύουν ότι έχω γράψει τόσα πολλά βιβλία, αυτό δεν έχει σημασία, γιατί έχουν ήδη γραφτεί και ό,τι κι αν πιστεύουν δεν αλλάζει αυτό το γεγονός.

Κεφάλαιο 16: Η διασταύρωση της τεχνολογίας και της ανθρωπότητας

Δ εν μπορούμε να αφήσουμε την απελπισία, τη σύγχυση ή την αποθάρρυνση να υπαγορεύσουν την πορεία της ζωής μας μόνο και μόνο επειδή όλοι όσοι γνωρίζουμε είναι πολύ απαθείς για να αγωνιστούν για την αλήθεια. Όπως είπε ο Ιησούς (στο Λουκάς 9:59), "Αφήστε τους νεκρούς να θάψουν τους νεκρούς!".

Αυτό που είπε στη συνέχεια είναι εξίσου σημαντικό, αλλά υπόκειται σε πολλαπλές ερμηνείες. Όταν εξετάζουμε την αραμαϊκή γλώσσα, διαπιστώνουμε ότι η σωστή μετάφραση για το "Malkuta d'Alaha" δεν είναι η βασιλεία του Θεού, αλλά η ένωση με τον Θεό. Αυτό οφείλεται στο γεγονός ότι, ενώ η βασιλεία συχνά συνδέεται με μια θρησκευτική έννοια γεμάτη δόγματα, η ένωση συνδέεται συγκεκριμένα με την πίστη.

Με άλλα λόγια, δεν σώζουμε τον εαυτό μας με το να ενταχθούμε σε μια θρησκεία όπου βρίσκουμε περισσότερους ανθρώπους στο εσωτερικό που ενεργούν όπως αυτοί που βρίσκονται στο εξωτερικό, αλλά με το να επικαλούμαστε και να ασκούμε την πίστη μας.

Αυτή η πίστη ασκείται με το να φανταζόμαστε έναν καλύτερο κόσμο, να πιστεύουμε σε μια καλύτερη ζωή για τον εαυτό μας και να ενεργούμε για να υλοποιήσουμε το όραμά μας, ακόμη και αν η δράση αυτή σημαίνει να θυσιάσουμε ό,τι έχουμε χτίσει, γιατί δεν υπάρχει πίστη όταν υπάρχει προσκόλληση. Τα δύο αυτά πράγματα είναι ασυμβίβαστα.

Η πίστη είναι ασύμβατη με την προσκόλληση σε ένα έθνος, μια ταυτότητα και μια ομάδα ανθρώπων, συμπεριλαμβανομένης της οικογένειας και των φίλων μας. Και αυτή είναι ίσως η πιο δύσκολη θυσία που θα κάνουμε ποτέ - όταν πρέπει να πορευτούμε μόνοι μας, επειδή όλοι οι άλλοι αρνούνται να μας συνοδεύσουν στο ταξίδι της πίστης ή της ένωσής μας με τον Θεό.

Όταν αποφάσισα να γίνω συγγραφέας πλήρους απασχόλησης, χωρίς δουλειά ή μισθό, παραδόθηκα σε αυτή την πεποίθηση. Δεν μπορούσα να ελέγξω τα αποτελέσματά μου. Έπρεπε να εμπιστευτώ ότι έκανα το σωστό, όχι για τον εαυτό μου, αλλά για την ένωσή μου με τον Θεό. Και φυσικά, όπως εξήγησα προηγουμένως, δεν μιλάω για τον Καθολικισμό, τον Ιουδαϊσμό, το Ισλάμ ή οποιαδήποτε άλλη γνωστή θρησκεία. Το να διατηρούμε την πίστη μας συχνά σημαίνει να ταξιδεύουμε στο μοναχικό δρόμο, και πρέπει να μάθουμε να το αποδεχόμαστε αυτό, γιατί αυτή είναι η απόλυτη θρησκεία.

Το συνειδητοποιούμε αυτό καθώς γινόμαστε μάρτυρες των ραγδαίων αλλαγών στον κόσμο μας και του τι σημαίνουν. Ο κόσμος προς τον οποίο οδεύουμε θα είναι πολύ διαφορετικός από αυτόν που γνωρίζουμε και βλέπουμε σήμερα, διότι θα κυριαρχείται από την τεχνολογία, ιδίως από την τεχνητή νοημοσύνη. Θα είναι ένας κόσμος στον οποίο οι μηχανές θα συγχωνεύονται με τα ανθρώπινα όντα με τρόπους για τους οποίους δεν είμαστε ακόμη πλήρως προετοιμασμένοι και με τρόπους που δεν μπορούμε να φανταστούμε.

Οι κίνδυνοι της τεχνητής νοημοσύνης ξεπερνούν τα αναμενόμενα, όπως ακριβώς και τα οφέλη ξεπερνούν τα όρια που μπορεί να κατανοήσει το περιορισμένο μυαλό μας.

Οι ηγέτες δεν γνωρίζουν περισσότερα από ό,τι οι άνθρωποι και οι νόμοι τους είναι συχνά χειρότεροι από ό,τι αν δεν υπήρχαν νόμοι, ιδίως όταν προσπαθούν να επιβάλουν μεγαλύτερο έλεγχο στους ανθρώπους. Για παράδειγμα, ο προτεινόμενος νόμος του Ευρωπαϊκού Κοινοβουλίου για τον έλεγχο της συνομιλίας, ο οποίος αποσκοπεί στην απαγόρευση των λειτουργικών συστημάτων ανοικτού κώδικα, μετατρέπει ουσιαστικά την Ευρώπη σε έναν δυστοπικό κόσμο όπου οι πολίτες δεν έχουν δικαιώματα ή ιδιοκτησία. Η ιδέα είναι παράλογη, αλλά δεν είναι η πρώτη φορά που το Ευρωπαϊκό Κοινοβούλιο κάνει μια τέτοια εξωφρενική πρόταση. Στη Δανία, υπήρξε μια αποτυχημένη προσπάθεια να επιβληθούν υποχρεωτικοί εμβολιασμοί στους πολίτες, οι οποίοι θα επιβάλλονταν από την αστυνομία, κάτι που έμοιαζε με κάτι βγαλμένο από ταινία επιστημονικής φαντασίας, και έχουν γίνει προσπάθειες να περάσουν οι ίδιοι νόμοι στο Ευρωπαϊκό Κοινοβούλιο.

Ο εντοπισμός των πολιτικών που είναι υπεύθυνοι για αυτούς τους νόμους θα μπορούσε να αποκαλύψει διασυνδέσεις, εγκληματικές δραστηριότητες και χορηγούς και τελικά να οδηγήσει σε λύση. Ο φόβος για αόρατες δυνάμεις, από την άλλη πλευρά, δεν θα οδηγήσει πουθενά. Τα σκαμπανεβάσματα των πολιτισμών διαπράττονται πάντα από τους ίδιους τους ανθρώπους τους - ο λόγος για την άνοδο και την πτώση των πολιτισμών είναι η συλλογική αδυναμία προσαρμογής στις αλλαγές ή η αδυναμία να επιτρέψουν σε κάποιους να χρησιμοποιήσουν την αλλαγή αυτή για να επιβάλουν πιο ολοκληρωτικούς κανόνες στους άλλους, και αυτό ακριβώς συμβαίνει με την έλευση της τεχνητής νοημοσύνης. Οι άνθρωποι δεν ξέρουν τι να την κάνουν και, μέσα στην άγνοιά τους, προσπαθούν να την καταστείλουν ή να τη χρησιμοποιήσουν για το δικό τους εγωιστικό όφελος.

Κεφάλαιο 17:
Τεχνητή νοημοσύνη και αυτοανάπτυξη

Π ερισσότεροι άνθρωποι κάνουν κατάχρηση της τεχνητής νοημοσύνης για να παραβιάσουν τα πνευματικά δικαιώματα παρά για εκπαιδευτικούς σκοπούς και σκοπούς αυτοβελτίωσης. Λίγοι άνθρωποι εξετάζουν καν τη δυνατότητα να χρησιμοποιήσουν την ΤΝ για να μάθουν γρηγορότερα. Η μάθηση δεν αποτελεί κοινή σκέψη στο μυαλό των ανθρώπων. Στην πραγματικότητα, υπάρχουν πολλοί άνθρωποι που πιστεύουν ότι η μάθηση είναι άχρηστη, κάτι που αποτελεί μια πολύ επικίνδυνη προοπτική.

Αν η μάθηση είναι άχρηστη, τότε όλοι οδεύουμε προς τον Μεσαίωνα, όπου έφιπποι άντρες λεηλατούν χωριά και σκοτώνουν όλους όσους βρίσκονται στο πέρασμά τους, όπου οι άνθρωποι ζουν για τη γη που μπορεί να πάρουν και να κλέψουν από μια άλλη φυλή, όπου οι άνθρωποι ουσιαστικά ζουν μια ζωή απόλυτης δυστυχίας, επειδή η ανακούφιση του πόνου δεν είναι δυνατή χωρίς μορφωμένους γιατρούς και φαρμακοποιούς.

Η έλευση της τεχνητής νοημοσύνης φέρνει μαζί της μια νέα επανάσταση που δύσκολα γίνεται αντιληπτή, και η οποία έχει να κάνει με την αυτοανάπτυξη ή την επανεξέταση των βασικών πυλώνων της εκπαίδευσης. Ωστόσο, καθώς οι άνθρωποι σε γενικές γραμμές δεν έχουν καταφέρει να δουν τι πραγματικά είναι η εκπαίδευση και ακόμη και να την κατανοήσουν πέρα από τη βιομηχανοποίηση της κοινωνίας, ο εγκέφαλός τους είναι ανίκανος να συλλάβει αυτή τη νέα επανάσταση με τη σωστή νοοτροπία.

Η κοινωνία είναι ακόμη πολύ νηπιακή για να γνωρίζει τι πραγματικά είναι η τεχνητή νοημοσύνη, επειδή η κοινωνία δεν έχει αναπτύξει ποτέ πραγματικά την ικανότητα να σκέφτεται σε ανθρώπινο επίπεδο, πόσο μάλλον τεχνητά.

Μερικά από τα πιο προφανή οφέλη της τεχνητής νοημοσύνης είναι ότι μπορεί να μας βοηθήσει να βρίσκουμε πληροφορίες ταχύτερα, να κάνει τη δουλειά μας ευκολότερη και λιγότερο περίπλοκη και ακόμη και να δημιουργεί καλύτερες και πιο πρωτότυπες μορφές τέχνης. Επιπλέον, ως ερευνητικό εργαλείο, η ΤΝ είναι ασυναγώνιστη και μπορεί να βελτιώσει τη μουσική βιομηχανία και να μας βοηθήσει να φανταστούμε κόσμους μεγαλύτερης πολυπλοκότητας.Παρά τα πολλά οφέλη της Τεχνητής Νοημοσύνης, πολλοί άνθρωποι εξακολουθούν να τη φοβούνται, φοβούμενοι ότι η Τεχνητή Νοημοσύνη θα τους στερήσει τη δουλειά, επειδή δεν αντιλαμβάνονται ότι τα άλογα δεν έχουν και πολύ νόημα σε έναν κόσμο όπου υπάρχουν αεροπλάνα. Η εξέλιξη καταλήγει πάντα σε έναν κύκλο.

Πεθαίνουμε κάθε μέρα για να αναστηθούμε την επόμενη μέρα. Ο ύπνος μας είναι ένα υποχρεωτικό διάλειμμα στο ταξίδι μας, όπως και ο θάνατός μας είναι το τέλος της ύπαρξής μας μέσα σε έναν συγκεκριμένο τύπο προσωπικότητας με ένα συγκεκριμένο ποσό εμπειρίας.

Σίγουρα δεν μπορώ να ξεχάσω όλα όσα μου συνέβησαν, όλα τα τραύματα και τις θετικές μου εμπειρίες, πολλές από τις οποίες ήταν εκτός του ελέγχου μου, οπότε είναι δύσκολο να προσδιορίσω αν έγινα συγγραφέας ή αν ήταν γραφτό να γίνω. Νομίζω ότι ό,τι κι αν έκανα, θα μπορούσα απλώς να είχα αποφύγει το γράψιμο, αλλά δεν μπορούσα παρά να αναπτύξω το μυαλό ενός φιλοσόφου, ενός στοχαστή, ενός ερευνητή, μιας περίεργης ψυχής που αναζητά απαντήσεις. Έτσι, όταν πεθάνω, ο κόσμος που με επηρέασε πεθαίνει μαζί μου.

Αν ξαναγεννηθώ σε αυτόν ή σε κάποιον άλλο πλανήτη, είναι απίθανο να ξαναγίνω συγγραφέας, εκτός αν δεν αλλάξουν ούτε οι καλλιτέχνες αυτού του τσίρκου. Και τι τρομερός θα ήταν ο κόσμος αν στα επόμενα 100 χρόνια έμοιαζε με τον σημερινό.

Δεν πρέπει να φοβόμαστε την αλλαγή, αλλά τη στασιμότητα. Η στασιμότητα είναι το πραγματικό πρόβλημα. Μισώ αυτόν τον κόσμο γιατί ξέρω πώς είναι οι προηγμένοι κόσμοι. Μόνο στους ηλίθιους αρέσει αυτός ο κόσμος όπως είναι.

Αν σας έστελνα πίσω στον Μεσαίωνα, όπου έπρεπε να σκουπίζετε τον κώλο σας σε μια πέτρα και να δουλεύετε με τα χέρια σας κάθε μέρα, όπου δεν υπήρχαν υπολογιστές και ένα ταξίδι σε μια άλλη ήπειρο διαρκούσε μήνες ή και χρόνια, θα καταλαβαίνατε τι προσπαθώ να πω.

Ομοίως, οι περισσότεροι άνθρωποι δεν συνειδητοποιούν ότι, σε έναν κόσμο τεχνητής νοημοσύνης, μπορούν να εργάζονται λιγότερο με το σώμα τους και περισσότερο με το μυαλό τους και να πετυχαίνουν πολύ περισσότερα σε λιγότερο χρόνο. Αυτό είναι συναρπαστικό, εκτός από εκείνους που δεν έχουν φιλοδοξίες ή στόχους στη ζωή, αλλά ποιος τους χρειάζεται για οτιδήποτε;

Η τεχνητή νοημοσύνη είναι αναμφίβολα μία από τις σημαντικότερες τεχνολογικές εξελίξεις της εποχής μας, αλλά οι περισσότεροι άνθρωποι δεν δίνουν σημασία. Οι εταιρείες που δεν ενσωματώνουν την ΤΝ στο επιχειρηματικό τους μοντέλο θα χρεοκοπήσουν, και τα μικρο-εθνη με λιγότερους πόρους μπορούν πλέον να νικήσουν ισχυρά έθνη.

Πρέπει να μάθουμε να κάνουμε τις σωστές ερωτήσεις και να σκεφτόμαστε καλύτερα, και η εκπαίδευση πρέπει να επικεντρωθεί σε αυτό. Όσοι μαθαίνουν ταχύτερα θα έχουν το μεγαλύτερο πλεονέκτημα μακροπρόθεσμα, το οποίο στην πραγματικότητα θα είναι πολύ μικρότερο από ό,τι νομίζουμε.

Ο κόσμος πάντα αλλάζει, αλλά τώρα έχουμε τη δυνατότητα να τον αλλάζουμε ταχύτερα, και η προσαρμογή σε αυτές τις αλλαγές είναι το κλειδί. Η τεχνητή νοημοσύνη είναι ένα παράδειγμα μιας τεράστιας αλλαγής που συντελείται σε παγκόσμιο επίπεδο και η αξιοποίηση των δυνατοτήτων της είναι το κλειδί της επιτυχίας.

Ως κάποιος που έχει βιώσει αντιξοότητες σε όλη του τη ζωή, κατανοώ τη σημασία της προσαρμογής στις αλλαγές και είμαι βέβαιος ότι το αποτέλεσμα είναι πάντα θετικό όταν ευθυγραμμίζεται με τις πνευματικές μας αξίες.

Κεφάλαιο 18: Παγκόσμιες ανισότητες στον πλούτο

Εφόσον η συνείδηση και η εξέλιξη σχετίζονται με το χρήμα, είναι αδύνατον να μη δούμε πώς ο πλούτος θα αλληλεπιδράσει με τα άλλα δύο στοιχεία, ιδίως με τη σχέση που έχουν οι άνθρωποι με το χρήμα και την τεχνολογία. Η άνοδος των κρυπτονομισμάτων βρίσκεται ακόμη στα σπάργανα, αν και έχει κάνει πολλούς ανθρώπους πλούσιους. Υπάρχει ακόμη πολύς δρόμος να διανυθεί όσον αφορά τη νομοθεσία και τη χρήση των κρυπτονομισμάτων από τις κυβερνήσεις. Στην πραγματικότητα, μόνο η Κίνα φαίνεται να έχει πετύχει τον στόχο της δημιουργίας του δικού της κρυπτονομίσματος, απαγορεύοντας παράλληλα τη χρήση άλλων.

Εν τω μεταξύ, μου έχει γίνει σαφές ότι, παρόλο που οι συναλλαγές γίνονται κατά βάση online, υπάρχουν διακρίσεις και ρατσισμός, με τις αμερικανικές και βρετανικές εταιρείες να βρίσκουν δικαιολογίες για να σταματήσουν ή απλώς να μην πληρώνουν όσους ζουν σε πολλά άλλα μέρη του κόσμου. Συχνά το κάνουν απλά και μόνο λόγω της φήμης της χώρας ή της διεύθυνσης IP.

Κάποιοι από τους συνεργάτες μου στο Πακιστάν μου είπαν ότι ορισμένες αμερικανικές εταιρείες όχι μόνο κλέβουν ένα μεγάλο ποσοστό των κερδών τους, αλλά συχνά αρνούνται να τους πληρώσουν χωρίς σαφή λόγο, πράγμα που σημαίνει ότι κρατούν τα χρήματα που έχουν κερδίσει από την εργασία τους. Και το καταφέρνουν αυτό επειδή γνωρίζουν ότι οι χρήστες είναι πολύ φτωχοί για να υπερασπιστούν τον εαυτό τους.

Ένα άλλο πρόβλημα που αντιμετωπίζουν οι άνθρωποι στο Πακιστάν, στις Φιλιππίνες και σε πολλά άλλα μέρη του κόσμου είναι η πρόσβαση στο συναλλακτικό σύστημα, ή, με άλλα λόγια, η περιορισμένη πρόσβαση στα συστήματα χρηματικών συναλλαγών. Αυτό σημαίνει ότι δεν μπορούν να έχουν πρόσβαση σε πλατφόρμες όπου τα συναλλακτικά μέσα δεν είναι διαθέσιμα για τη χώρα τους.

Έχω επίσης παρατηρήσει πώς πολλές αμερικανικές εταιρείες αγορών περιορίζουν τη χρήση των πλατφορμών και των εφαρμογών τους με βάση την τοποθεσία του χρήστη. Πώς υποτίθεται ότι θα βγάλω χρήματα αν δεν μπορώ να χρησιμοποιήσω περισσότερο από το μισό ιστότοπο;

Η διαφήμιση έχει το ίδιο πρόβλημα, επειδή οι εταιρείες μέσων κοινωνικής δικτύωσης δίνουν πάντα προτεραιότητα στους χρήστες με βάση την τοποθεσία τους.

Βασικά, αν και οι ευκαιρίες και οι πόροι είναι άφθονοι, δεν υπάρχει ισότητα στον κόσμο. Οι άνθρωποι υφίστανται διακρίσεις, γεγονός που επιδεινώνει όχι μόνο τη φτώχεια, αλλά και το χάσμα μεταξύ πλουσίων και φτωχών. Ενώ βλέπουμε να δημιουργούνται περισσότεροι δισεκατομμυριούχοι στις Ηνωμένες Πολιτείες σε σύντομο χρονικό διάστημα, βλέπουμε επίσης περισσότερους ανθρώπους να αγωνίζονται με την ανεργία και την πείνα σε άλλα μέρη του κόσμου.

Ορισμένες από τις μεγαλύτερες εταιρείες, όπως η Google, αρνήθηκαν να με πληρώσουν για πολλούς μήνες απλώς και μόνο επειδή είπαν ότι τα έγγραφα που έστειλα δεν αποδείκνυαν την τοποθεσία μου. Έτσι, μπορεί να έστελνα διαβατήρια, ταυτότητες, συμβόλαια στέγασης και πάλι να με απέρριπταν. Καμία εξήγηση! Καμία λύση! Καμία εναλλακτική λύση! Μόνο μια απλή απόρριψη!

Εν τω μεταξύ, πουλάνε τα βιβλία μου και δεν με πληρώνουν, χωρίς καν να σκέφτονται το γεγονός ότι πρέπει να πουλήσω βιβλία για να επιβιώσω. Είναι σαν να το κάνουν επίτηδες.

Σε ορισμένες περιπτώσεις, οι προθέσεις είναι προφανείς, όπως όταν ζήτησα από έναν αμερικανικό συγκεντρωτή βιβλίων να μου εξηγήσει τι έκαναν με τα βιβλία μου και, αντί να δώσουν εξηγήσεις, απλώς διέγραψαν τον λογαριασμό μου, συνέχισαν να πωλούν τα βιβλία και αποφάσισαν ότι τα δικαιώματα που είχαν κερδίσει επί πολλούς μήνες τους ανήκαν. Μόνο αφού έλαβαν επιστολή από τον δικηγόρο μου επέστρεψαν τελικά τα χρήματα, θεωρώντας ότι, καθώς δεν βρισκόμουν στις Ηνωμένες Πολιτείες, δεν είχα πρόσβαση στο αμερικανικό νομικό σύστημα.

Αυτός είναι ο κόσμος στον οποίο οδεύουμε. Όταν λοιπόν γίνονται τέτοια πράγματα σε ένα ολόκληρο έθνος, όπως όταν οι αμερικανικές τράπεζες πάγωσαν τα περιουσιακά στοιχεία των Ρώσων για κανέναν άλλο λόγο εκτός από την εθνικότητά τους, όλος ο κόσμος αποφάσισε ότι αυτό δεν μπορεί να συνεχιστεί.

Είναι απογοητευτικό να βλέπεις πώς κάποιες εταιρείες ξεφεύγουν με το να ληστεύουν ανθρώπους και να καθυστερούν για πάντα τη διαδικασία ανάκτησης των χρημάτων τους. Σήμερα, η κλοπή έχει γίνει πάρα πολύ φυσιολογική όταν γίνεται στο διαδίκτυο και από γνωστές εταιρείες και τράπεζες, αλλά περνάει σε εντελώς νέο επίπεδο όταν γίνεται σε βάρος γνωστών διασημοτήτων, ακόμη και εθνών.

Οι Αμερικανοί μας λένε ότι όλα είναι δυνατά αν το ονειρευτείς, αλλά όσοι από εμάς, όπως εγώ, έχουμε ζήσει και δουλέψει με ανθρώπους από όλο τον κόσμο, ξέρουμε ότι αυτό είναι ένα μεγάλο ψέμα. Στην πραγματικότητα, αυτό που κάνει τα βιβλία μου να διαφέρουν από πολλά άλλα δημοφιλή βιβλία είναι ότι οι γνώσεις μου λειτουργούν όπου κι αν πάτε.

Για παράδειγμα, είχα αναγνώστες που από το τίποτα, ζώντας σε ένα δωμάτιο στο σπίτι των γονιών τους, έγιναν εξαιρετικά πλούσιοι σε σύντομο χρονικό διάστημα, και το έκαναν στις Φιλιππίνες, στην Κίνα και σε πολλές άλλες χώρες όπου οι πόροι είναι πολύ περιορισμένοι. Εν τω μεταξύ, υπάρχουν Ευρωπαίοι που κυνηγούν νεράιδες, πηγαίνουν σε σεμινάρια με Αμερικανούς διάσημους, νομίζοντας ότι περπατώντας ξυπόλητοι σε ένα κρεβάτι από κάρβουνο ή καυτές πέτρες και ακούγοντας ομιλητές παρακίνησης με δυνατή μουσική στο παρασκήνιο, θα φτάσουν εκεί που θέλουν.

Νομίζω ότι ο λόγος που λειτουργεί αυτό το τσίρκο είναι επειδή πολλοί άνθρωποι έχουν τόσες πολλές φαντασιώσεις να τρέχουν στο μυαλό τους που απλά χρειάζονται κάποιον να παίξει μαζί τους και να τους διασκεδάσει με τη δική τους τρέλα. Δεν θέλουν πραγματικά να την αντικαταστήσουν με την πραγματικότητα. Έτσι, αυτό είναι που βρίσκουν: τους καλλιτέχνες του τσίρκου.

Κεφάλαιο 19: Ανθρώπινη φύση και τεχνολογία

Αν επικεντρωθούμε σε αυτό που θέλουμε, θα το πετύχουμε, μας λένε, και μετά ανοίγουμε το πρώτο μας ηλεκτρονικό κατάστημα και ανακαλύπτουμε ότι δεν μπορούμε να δεχτούμε τις περισσότερες συναλλαγές, δεν μπορούμε να χρησιμοποιήσουμε τις περισσότερες εφαρμογές και πολλοί χρήστες δεν θέλουν καν να αγοράσουν προϊόντα από εμάς, επειδή δεν μπορούμε να συνεργαστούμε με τους περισσότερους εμπόρους επειδή είναι αποκλειστικοί για ορισμένες χώρες και η δική μας δεν είναι στη λίστα.

Μια άλλη μεγάλη τάση αυτής της υποκρισίας είναι οι εκπαιδευτές αποπλάνησης, λες και ένας λευκός Βρετανός μπορεί να διδάξει σε έναν Ινδό πώς να ρίχνει γυναίκες στην Ουκρανία. Στην πραγματικότητα, είναι ξεκαρδιστικό να βλέπεις τους δύο να αποτυγχάνουν κατά τη διάρκεια του πολέμου με τη Ρωσία, γιατί δεν μπορεί να είσαι πιο αποτυχημένος από το να προσπαθείς να ρίξεις γυναίκες κατά τη διάρκεια μιας περιόδου πολέμου και να σε απορρίπτουν. Είναι σαν αυτές οι γυναίκες να λένε: "Προτιμώ να πεθάνω παρά να είμαι μαζί σου"!

Το τραπεζικό σύστημα λειτουργεί με βάση τον πλούτο των γενεών και βασίζεται στην παραδοχή ότι οι νεκροί δεν ζητούν πίσω τα χρήματά τους, και επειδή αυτή η απάτη λειτουργεί, πολλές εταιρείες αποφάσισαν να ακολουθήσουν το παράδειγμά τους, περνώντας από τις πωλήσεις στις συνδρομές, μόνο που σε πολλές περιπτώσεις δεν σε αφήνουν να διαγραφείς ή σου κάνουν τη ζωή απίστευτα δύσκολη αν το θελήσεις. Μερικές φορές μπορεί να χρειαστούν ώρες για να βρείτε το κουμπί "διαγραφή του λογαριασμού μου", όταν η εγγραφή στον ίδιο ιστότοπο ήταν απλώς ένα κλικ ενός κουμπιού χρησιμοποιώντας το δικό σας email.

Οι κίνδυνοι της τεχνολογίας είναι σαφώς υποτιμημένοι ή και αγνοημένοι όταν εξετάζουμε όλο αυτό το σενάριο, διότι αυτό που είναι επικίνδυνο είναι οι άνθρωποι, ο ρατσισμός, η ξενοφοβία, η απληστία και ο εγωισμός τους. Με τον ίδιο τρόπο που αν δώσετε σε έναν χιμπατζή ένα πολυβόλο, μπορεί να αρχίσει να πυροβολεί όλους γύρω του, αν δώσετε στους ανθρώπους τεχνολογία, θα αρχίσουν να την καταχρώνται.

Οι περισσότεροι άνθρωποι προτιμούν τα εύκολα και άμεσα κέρδη, ακόμη και εις βάρος των άλλων. Στην πραγματικότητα, πολλοί χρησιμοποιούν την τεχνολογία για να αναπτύξουν εφαρμογές που τους επιτρέπουν να κλέβουν την πνευματική ιδιοκτησία και τα αποτελέσματα άλλων, καθιστώντας εύκολο να αντικαταστήσουν κάποιον που χρειάστηκε χρόνια για να αναπτύξει μια βιώσιμη επιχείρηση για να συντηρήσει τον εαυτό του και την οικογένειά του, και να τον χρεοκοπήσουν μέσα σε λίγες ημέρες.

Ξοδεύω χρόνια προσπαθώντας να βρω ορισμένες απαντήσεις, τις βάζω σε ένα βιβλίο, και μετά έρχεται κάποιος και αντιγράφει την ιδέα και μιλάει ή γράφει γι' αυτήν, και όλοι νομίζουν ότι την ανακάλυψαν. Εν τω μεταξύ, αν αυτό το άτομο είναι πιο δημοφιλές από εμένα, νομίζουν ότι εγώ είμαι ο ψεύτης και ότι είμαι τρελός που μιλάω γι' αυτό, και νομίζουν επίσης ότι εγώ είμαι αυτός που έκλεψε αυτή τη γνώση.

Ξέρω πολύ καλά ποιοι διαβάζουν τα βιβλία μου, γιατί ξέρω ότι δεν θα μπορούσαν να γνωρίζουν ορισμένα πράγματα αν δεν τα διάβαζαν στα γραπτά μου, και ακόμη και τότε δεν μπορώ να μιλήσω γι' αυτά. Πρέπει να παραβλέψω το γεγονός ότι δεν αναφέρουν καν το όνομα του συγγραφέα για να φανούν πιο έξυπνοι.

Σε ορισμένες περιπτώσεις, δημιουργούν ακόμη και μαθήματα για άλλους χρησιμοποιώντας τις δικές μου γνώσεις. Και οι οπαδοί τους αγνοούν εντελώς αυτή την κλοπή. Ισχυρίζονται μάλιστα ότι έχουν μάθει τα πάντα από ένα σωρό άλλα βιβλία, κάτι που είναι σαφώς ψέμα, γιατί αν διαβάσετε αυτά τα βιβλία, θα ανακαλύψετε ότι δεν υπάρχει τίποτα σε αυτά.

Μπορεί να νομίζετε ότι δεν είστε τόσο έξυπνοι όσο το άτομο που μόλις σας είπε ψέματα, αλλά έτσι κάνουν τα πράγματα, ακόμα και οι πιο διάσημοι. Αλλά ακόμα πιο σοκαριστικό για μένα ήταν να βλέπω πολλούς θρησκευτικούς ηγέτες να κάνουν το ίδιο πράγμα, επειδή είναι πραγματικά η μεγαλύτερη υποκρισία που μπορεί να φανταστεί κανείς. Και ούτε εγώ δεν το περίμενα, τουλάχιστον όταν τους γνώριζα προσωπικά. "Η Βίβλος διδάσκει" είναι συχνά "ο Δανιήλ διδάσκει", μόνο που όταν αγνοείται ο Δανιήλ και αναφέρεται η Βίβλος, ο ιεροκήρυκας αποκτά μια αξιοπιστία που δεν του αξίζει.

Θα έδιναν αυτοί οι ίδιοι άνθρωποι αξιοπιστία στον πραγματικό συγγραφέα; Πιθανώς όχι!

Για παράδειγμα, θυμάμαι κάποτε να επισκέπτομαι έναν μαθητή μου που δίδασκε πολεμικές τέχνες σε μια μεγάλη ομάδα ανθρώπων, και τους είπε ανοιχτά και ειλικρινά, δείχνοντάς με: Αυτός ήταν ο δάσκαλός μου, από αυτόν έμαθα τα πάντα!

Εκείνοι με κοίταζαν σαν να ήμουν κροκόδειλος που έδειχνε ένα ελάφι και έλεγε: Αυτός είναι που μου έμαθε πώς να κυνηγάω! Δεν πίστευαν αυτό που έβλεπαν, γιατί οι άνθρωποι σκέφτονται με αυτό που βλέπουν, και αφού δεν βλέπουν τίποτα, δεν έβγαζε νόημα στο μυαλό τους. Και ναι, είναι αλήθεια ότι συχνά με προσβάλλουν, γιατί κανείς δεν πιστεύει ότι είμαι ικανός να τους ρίξω μια μπουνιά στο πρόσωπο τόσο δυνατά που να χεστούν όλοι πάνω τους. Συνέβη μια φορά, αλλά ζήτησα συγγνώμη εξίσου γρήγορα. Είμαι πολύ ευαίσθητος για να πληγώσω τους ανθρώπους, γι' αυτό συχνά το αποφεύγω. Μετά περνάω μήνες για να αντιμετωπίσω τον θυμό μου, γιατί κανείς δεν νοιάζεται για τους ενσυναισθητικούς όταν προσβάλλονται.

Οι περισσότεροι άνθρωποι καταλαβαίνουν τον αμοιβαίο σεβασμό μόνο όταν τους μαχαιρώνεις μέχρι θανάτου και μετατρέπονται σε φάντασμα, και ακόμα και τότε μετατρέπονται σε ένα πολύ ενοχλητικό φάντασμα.

Κεφάλαιο 20: Πνευματικότητα σε έναν υλιστικό κόσμο

Ένα μεγάλο πρόβλημα σε αυτόν τον κόσμο προέρχεται από την άγνοια, και αυτή η άγνοια συνίσταται σε πολλές κλοπές και παρερμηνείες, απλώς και μόνο επειδή οι άνθρωποι είναι εγωκεντρικοί και κλέβουν συνεχώς από πηγές χωρίς να τους δίνουν τα εύσημα, και στη συνέχεια επινοούν τις δικές τους ερμηνείες για να φαίνονται πιο έξυπνοι, ενώ στην πραγματικότητα είναι πολύ ηλίθιοι για να διδαχθούν μόνοι τους. Μερικοί από τους πιο δημοφιλείς ανθρώπους δεν κάνουν τίποτα περισσότερο από το να κλέβουν αυτό που κάποιος άλλος έχει ήδη δημιουργήσει.

Αυτό συμβαίνει πιο συχνά απ' ό,τι νομίζετε. Οι άνθρωποι τους λατρεύουν επειδή είναι πολύ ηλίθιοι για να διαβάσουν και να βρουν πού βρίσκονται οι πληροφορίες.

Υπάρχει μια εμμονή με το εύκολο χρήμα και όλο και λιγότεροι άνθρωποι πιστεύουν στην αξία της σκληρής δουλειάς- όλοι θέλουν απλές, εύκολες απαντήσεις και λίγοι θέλουν να διαβάσουν και να προσπαθήσουν να τις βρουν. Έτσι, ακόμη και τα βιβλία που κλέβουν και συνθέτουν εκτιμώνται περισσότερο από τα βιβλία που προέρχονται από προσωπική εμπειρία και ειλικρινή έρευνα.

Όταν ήμουν φοιτήτρια στο πανεπιστήμιο, συχνά δεχόμουν κριτική επειδή οι καθηγητές έλεγαν: "Γιατί να παραθέτουμε αρχαίους φιλοσόφους όταν έχουμε ανθρώπους εδώ που έχουν πει τα ίδια πράγματα!".

Λοιπόν, το ερώτημα είναι: γιατί οι άνθρωποι που κλέβουν από αρχαίους φιλοσόφους είναι αξιόπιστοι και οι φιλόσοφοι όχι; Είναι οι κλέφτες της πνευματικής ιδιοκτησίας πιο αξιόπιστοι από εκείνους που τη διατύπωσαν; Προφανώς, ναι, στον ακαδημαϊκό κόσμο!

Δεν νομίζω ότι έχω συναντήσει ποτέ έναν καθηγητή πανεπιστημίου που να μην έχει κάνει καριέρα κλέβοντας ό,τι έχουν κάνει άλλοι. Στην πραγματικότητα, υπάρχει τέτοια έλλειψη δημιουργικότητας και πραγματικού πνευματικού δυναμικού που οι περισσότεροι καθηγητές ξοδεύουν ολόκληρη την καριέρα τους προσπαθώντας να αποδείξουν ότι κάποιος έχει άδικο ή προσπαθώντας να βρουν μικρές τρύπες στις θεωρίες που έχουν ήδη αναπτύξει άλλοι, ειδικά αν αυτοί είναι ήδη νεκροί και δεν μπορούν να υπερασπιστούν τον εαυτό τους.

Νομίζουν ότι φαίνονται πολύ έξυπνοι κάνοντας έναν έξυπνο άνθρωπο να φαίνεται ατελής. Είναι τυπική ανθρώπινη συμπεριφορά, όπως όταν οι αναγνώστες ψάχνουν για γραμματικά λάθη στα βιβλία μου για να απαξιώσουν τις πληροφορίες.

Είναι ηλίθιο να το κάνεις αυτό, αλλά είναι επίσης ένα πολύ συνηθισμένο ανθρώπινο χαρακτηριστικό. Θα ήταν σαν να λέμε ότι δεν ξέρω για τι πράγμα μιλάω επειδή τα κακά μου δεν μυρίζουν σαν τριαντάφυλλα ή ότι τα αυγά μιας κότας είναι τόσο καλά όσο το καλαμπόκι που τρώει.

Όταν ο εγκέφαλος των ανθρώπων είναι γεμάτος σκουπίδια, δίνουν προσοχή σε πράγματα που δεν έχουν σημασία και σπαταλούν την ύπαρξή τους κάνοντάς το, νομίζοντας ότι αυτό τους κάνει να φαίνονται πιο έξυπνοι. Χρειάζεται λοιπόν ένας τεράστιος αριθμός ηλιθίων για να γίνουν αυτοί οι άνθρωποι αξιόπιστοι, αλλιώς θα είχαν τα αποτελέσματα που τους αξίζουν - άδεια αμφιθέατρα.

Πολλές κοινωνίες αποκτούν τέτοια εμμονή με το χρήμα και την αναγνώριση που χάνουν τις αξίες τους. Όσοι πρέπει να δουλεύουν σκληρά για να διατηρήσουν έναν συγκεκριμένο τρόπο ζωής αγχώνονται και τότε γίνεται εύκολο να χάσουν μια περιουσία. Είναι πράγματι προσβλητικό όταν κάποιος με ρωτάει πώς πουλάω τα βιβλία μου χωρίς να λαμβάνει υπόψη του τις ώρες που έχω δουλέψει για να τα δημιουργήσω. Αλλά δεν το βλέπουν ως προσβολή, είναι τόσο ερωτευμένοι με τον εαυτό τους που δεν βλέπουν τι σκουπίδι είναι. Είναι πολύ παθιασμένοι με το να είναι διάσημοι και πλούσιοι. Είναι σαν να είναι τελείως μαστουρωμένοι με τον εαυτό τους.

Παρόλο που όσοι συνειδητοποιούν αυτά τα προβλήματα στρέφονται περισσότερο προς την πνευματικότητα, πολλοί εξακολουθούν να μη βλέπουν τη σύνδεση μεταξύ του πνευματικού και του φυσικού κόσμου. Η σκληρή δουλειά, η ειλικρίνεια και οι ηθικές αξίες γίνονται παρελθόν, σαν να μην έχουν θέση σε έναν άκρως ναρκισσιστικό και υλιστικό κόσμο.

Ωστόσο, αυτό θα έχει τις συνέπειές του, καθώς τα ίδια αυτά άτομα θα υποστούν τις συνέπειες αυτού που δημιούργησαν στο μέλλον. Οι επόμενες γενιές δεν θα συμπάσχουν μαζί τους και μπορεί να κάνουν το ίδιο, πιο γρήγορα και με χειρότερες συνέπειες.

Φανταστείτε να ζείτε σε μια κοινωνία όπου όλοι ειδικεύονται στην κλοπή και αναπαραγωγή πνευματικής ιδιοκτησίας, χρησιμοποιώντας τεχνητή νοημοσύνη για να το κάνουν γρήγορα και απαρατήρητα. Δεν μιλάω για μερικούς εφήβους που χρησιμοποιούν τεχνητή νοημοσύνη για να δημιουργήσουν πανεπιστημιακές εργασίες, αλλά για την κλοπή μιας ολόκληρης εταιρείας από κάποιον. Πόσο γρήγορα πιστεύετε ότι θα αυξανόταν η φτώχεια; Πόσους περισσότερους άστεγους πιστεύετε ότι θα είχαμε σε σύντομο χρονικό διάστημα; Πόσο γρήγορα πιστεύετε ότι η κοινωνία στο σύνολό της θα κατέρρεε;

Αν ο καθένας μπορεί να προσφέρει τα βιβλία μου δωρεάν σε μια πλατφόρμα, και πολλοί αναγνώστες τα κατεβάζουν δωρεάν, και πολλοί από αυτούς χρησιμοποιούν τις πληροφορίες για να φανούν εξυπνότεροι και να επωφεληθούν από διαδικτυακά μαθήματα, πόσο σύντομα πιστεύετε ότι θα σταματήσω να γράφω και να μοιράζομαι αυτά που ξέρω; Και πόσο σύντομα πιστεύετε ότι οι ίδιοι άνθρωποι θα χρησιμοποιούν τις πληροφορίες για να εξαπατούν και να μπερδεύουν τους άλλους; Πόσες αυτοκτονίες πιστεύετε ότι μπορούν να δημιουργήσουν σε σύντομο χρονικό διάστημα;

Αυτή είναι μια τεράστια αντίφαση που λίγοι μπορούν να δουν στον εαυτό τους, γιατί αν οι άνθρωποι περιμένουν από μένα να γράφω δωρεάν, πώς νομίζουν ότι πληρώνω τους λογαριασμούς μου και τις πτήσεις μου; Με αγκαλιές και φιλιά;

Κεφάλαιο 21: Επειδή τίποτα δεν είναι δωρεάν

Π ιστεύετε πραγματικά ότι ζείτε σε έναν κόσμο όπου κάποιος θα πει: "Κάνετε τόσο θαυμάσια δουλειά για το μέλλον της ανθρωπότητας που, από εδώ και στο εξής, ό,τι κάνετε θα είναι δωρεάν - συμπεριλαμβανομένου του ενοικίου σας, του φαγητού σας, των πολλών πτήσεών σας σε όλο τον κόσμο, ακόμη και του καφέ που πίνετε;".

Αν τίποτα δεν είναι δωρεάν, γιατί οι άνθρωποι πιστεύουν ότι πρέπει να τους δίνω πληροφορίες δωρεάν; Γιατί θα πρέπει να δουλεύω σε μια παμπ την ημέρα και να γράφω βιβλία τη νύχτα, σαν μια σπασίκλας εκδοχή του Μπάτμαν;

Είναι οι άνθρωποι τόσο αδαείς και εγωιστές που δεν μπορούν να καταλάβουν ότι τα βιβλία γράφονται με πληροφορίες που πρέπει να αναλυθούν για μεγάλα χρονικά διαστήματα καθισμένοι μπροστά σε ένα φορητό υπολογιστή;

Προφανώς, ναι, είναι! Το ερώτημα λοιπόν είναι: Αξίζουν τις πληροφορίες που θέλουν; Όχι, δεν τους αξίζει! Αξίζουν όλα τα βάσανα που έρχονται στο δρόμο τους.

Οι άνθρωποι λένε ότι η ζωή είναι άδικη, αλλά στην πραγματικότητα η ζωή είναι πολύ δίκαιη. Είναι εύκολο να το αποδείξει κανείς, όπως όταν κάποιος μου ζητάει χρήματα και του δίνω μια δουλειά. Δεν έχω συναντήσει ποτέ ούτε έναν άνθρωπο που να μου ζήτησε χρήματα και να έκανε τη δουλειά που του ζήτησα να κάνει. Δηλαδή είναι άδικο που εγώ έχω τα χρήματα που θέλουν και εκείνοι όχι; Στο παράλογο και ανεύθυνο μυαλό τους είναι.

Ποτέ δεν ζήτησα από κανέναν τίποτα, εκτός από ένα κρεβάτι για να κοιμηθώ. Είναι εύκολο να το κάνεις αυτό, γιατί ο καθένας έχει έναν χώρο στο σπίτι του για να φιλοξενήσει τουλάχιστον ένα άτομο που γνωρίζει, είτε είναι ο καναπές είτε το πάτωμα. Κανείς όμως δεν μου έχει προσφέρει ποτέ μια θέση στο διαμέρισμά του. Και αυτή η εμπειρία, επί πολλές δεκαετίες, ειδικά όταν πάλευα με την έλλειψη στέγης και την ανεργία, μου δίδαξε ισχυρά μαθήματα για την ανθρωπιά. Ένα από αυτά είναι ότι εκείνοι που αρνούνται να είναι φιλανθρωπικοί αξίζουν όλη την αρρώστια και τη φτώχεια που έρχεται στο δρόμο τους.

Είναι δίκαιο να κρίνουμε έτσι τους ανθρώπους; Απολύτως!

Διέγραψα όλους τους αριθμούς τηλεφώνων ανθρώπων που αρνήθηκαν να μου δώσουν ένα μέρος για να κοιμηθώ, ακόμη και όταν δεν το χρειαζόμουν. Στην πραγματικότητα, άρχισα να τους δοκιμάζω, λέγοντάς τους πόσο φτωχός ήμουν, μόνο και μόνο για να δω τις αντιδράσεις τους.

Το έκανα επίτηδες, επειδή δεν αντέχω τους ψεύτικους φίλους. Αν είσαι πρόθυμος να με αφήσεις να πεινάσω και να κοιμηθώ έξω στο κρύο, δεν είσαι φίλος μου, είσαι ένα παράσιτο στη ζωή μου που περιμένει να σου δώσω κάτι. Μπορεί να μην ξέρω τι είναι αυτό, και μπορεί να μη μου πεις ποτέ, και δεν με νοιάζει, δεν θα περιμένω να το μάθω. Αν δεν μπορώ να εμπιστευτώ τους ανθρώπους που γνωρίζω, τι λέει αυτό για μένα ως άτομο;

Αν έχουμε ψεύτικους φίλους, απαξιώνουμε τους εαυτούς μας ως ανθρώπινα όντα. Είναι προτιμότερο να μην έχεις κανέναν γύρω σου και να υποφέρεις από μοναξιά παρά να διαφθείρεις την ψυχή σου από αυτές τις σκοτεινές ενέργειες.

Ο κόσμος έχει γίνει ψεύτικος και φτηνός, οδηγώντας στην απώλεια πολλών ζωών, συχνά λόγω ανηθικότητας, πλήρους έλλειψης ενσυναίσθησης και σεβασμού των δικαιωμάτων των άλλων. Και σε έναν τέτοιο κόσμο, αυτό σημαίνει ότι ούτε εσείς έχετε δικαιώματα.

Αν δημιουργηθούν νόμοι που αφαιρούν τα δικαιώματά σας και η εγκληματικότητα συνεχίζει να αυξάνεται, θα έρθει η στιγμή που ένα ρομπότ θα σας φυτέψει μια σφαίρα στο κεφάλι και θα σας κάνει ερωτήσεις μετά. Στην πραγματικότητα, ένα τέτοιο σύστημα υπάρχει ήδη. Το κάνουν στην Κίνα!

Αν οι άνθρωποι είναι πολύ εγωιστές για να ανησυχούν για το τι θα συμβεί στο μέλλον, αυτό το μέλλον θα είναι τρομερό και γι' αυτούς.

Συνειδητοποίησα ότι παρόλο που ζούμε σε μια κοινωνία που εξισώνει το χρήμα με την επιτυχία και την ευτυχία, συχνά εις βάρος των άλλων και της σκληρής δουλειάς τους, πρέπει να δώσουμε προτεραιότητα στην πνευματική μας ευημερία, στις ηθικές μας αξίες και στην ακεραιότητά μας, αν δεν θέλουμε να διαφθαρούμε από ένα σύστημα που τείνει να υποτιμά τη σημασία των προσπαθειών μας και της ύπαρξής μας.

Αυτό δεν σημαίνει απαραίτητα ενίσχυση των δεσμών μας με μια συγκεκριμένη θρησκευτική ομάδα, αλλά μάλλον δημιουργία ουσιαστικών δεσμών όπου κι αν πάμε, ακόμη κι αν αυτό σημαίνει ότι πρέπει να ταξιδέψουμε πολλές φορές για να βρούμε το καταλληλότερο μέρος για να το κάνουμε. Από την άλλη πλευρά, η άνοδος της τεχνητής νοημοσύνης, σε συνδυασμό με τον αποχωρισμό από τις ανθρώπινες αξίες, έχει δημιουργήσει μια κρίση που σχετίζεται με την ανάγκη για αγάπη και αποδοχή σε έναν κόσμο που πολύ συχνά απορρίπτει όσους είναι διαφορετικοί ή σκέφτονται διαφορετικά.

Η τεχνολογία έχει καταστήσει πιο δύσκολο για τα άτομα να επικεντρωθούν στην πνευματική τους ευημερία και να βρουν την αληθινή ευτυχία, οδηγώντας πολλούς να εξισώνουν την ευτυχία με την κοινωνική θέση ή τον καταναλωτισμό, αλλά η αληθινή ευτυχία μπορεί να προέλθει μόνο από τον εντοπισμό των συστημάτων υποστήριξής μας και την ανακάλυψη της χαράς στη ζωή. Αυτό σημαίνει, φυσικά, να έχετε γύρω σας ανθρώπους που μπορείτε να εμπιστευτείτε, αλλά το πιο σημαντικό είναι να ζείτε σε μέρη όπου μπορείτε να ευδοκιμήσετε και να έχετε την επιτυχία που επιθυμείτε.

Κεφάλαιο 22: Τα τρία στοιχεία της ευημερίας

Έχω μάθει ότι τα χαρακτηριστικά της προσωπικότητάς μας μπορεί να απορρίπτονται σε ορισμένα μέρη και να εκτιμώνται ιδιαίτερα σε άλλα, οπότε το ερώτημα συχνά δεν είναι τι φταίει σε εμάς, αλλά τι φταίει στο μέρος όπου βρισκόμαστε.

Στην Πορτογαλία, την Ισπανία, τη Γαλλία, την Ιταλία και πολλές άλλες ευρωπαϊκές χώρες, σίγουρα δεν έχω βρει αξίες που αξίζει να αφομοιωθούν, οπότε η ελευθερία μου να επεκταθώ εξαρτάται βασικά από τα δικαιώματά μου ως πολίτη του κόσμου.

Από την άλλη πλευρά, δεδομένου ότι το χρήμα είναι εργαλείο και όχι αυτοσκοπός, όσοι θέλουν περισσότερη ελευθερία γνωρίζουν ότι αυτό είναι εφικτό μόνο μέσω του συστήματος που την αρνείται, και αυτό σημαίνει ότι πρέπει να συσσωρεύεις περισσότερα χρήματα ώστε να μην τα χρειάζεσαι πια.

Είναι ακόμη και ειρωνικό, αν το σκεφτείτε, ότι πρέπει να δουλέψουμε σκληρά για να αγοράσουμε την ελευθερία μας από τον κόσμο, και η εναλλακτική λύση σε αυτό είναι να ζήσουμε μια ζωή σκλαβιάς, πλήρως αφοσιωμένοι στο να επικρατήσει το ίδιο σύστημα.

Υπάρχει αυτή η ιδέα, σε παγκόσμιο επίπεδο, ότι η ευτυχία είναι ο στόχος της ζωής, οπότε γιατί υπάρχει τόση δυστυχία; Ο στόχος της ζωής δεν είναι η ευτυχία, αλλά η ελευθερία και η ακεραιότητα. Οι άνθρωποι κάνουν λάθος! Δεν θα βρουν ποτέ την ευτυχία που θέλουν, αν δεν έχουν πρώτα ελευθερία και ακεραιότητα.

Δεν έχω καμία συμπάθεια για εκείνους που ισχυρίζονται ότι είναι επιτυχημένοι επειδή μπορούν να ταξιδέψουν σε όλο τον κόσμο. Αυτό δεν είναι επιτυχία αν χρειάζεσαι την επιταγή πληρωμής στο τέλος του μήνα για να διατηρήσεις τα ψέματα και τα προσχήματα.

Είναι πολύ ειρωνικό όταν βλέπω ανθρώπους που αυτοαποκαλούνται επιχειρηματίες, ενώ στην πραγματικότητα το εισόδημά τους πληρώνεται από μια δουλειά που, αν δεν είχαν, θα τελείωνε η επιχειρηματική τους περιπέτεια μέσα σε μια μέρα. Αυτή η υποκρισία είναι γελοία και μας κάνει να μοιάζουμε με κλόουν, κάτι που είναι αποδεκτό μόνο σε ένα τσίρκο όπου όλοι συμπεριφέρονται σαν κλόουν.

Προσωπικά, μου είναι πολύ δύσκολο να επικοινωνήσω με αυτούς τους ανθρώπους και, καθώς αποτελούν την πλειοψηφία, αισθάνομαι αποθαρρυμένος από την αλληλεπίδραση μαζί τους. Δίνουν μια παράσταση, αλλά ταυτόχρονα προσπαθούν συνεχώς να συλλέγουν περισσότερες πληροφορίες για τη φαντασία τους. Δεν είναι ενδιαφέρον να μιλάω μαζί τους.

Η παγκόσμια οικονομία και οι άνθρωποι που αποτελούν μέρος της μπορεί να μας κάνουν να νιώθουμε ότι ζούμε σε μια περίπλοκη πραγματικότητα γεμάτη ψέματα, αλλά η προσωπική μας σχέση με το χρήμα δεν χρειάζεται να είναι έτσι. Μπορούμε να επιτύχουμε οικονομική επιτυχία και έναν ολιστικό τρόπο ζωής, δίνοντας προτεραιότητα στη συναισθηματική μας ευημερία και την ψυχική μας υγεία.

Σίγουρα είναι δύσκολο να πετύχεις αυτά τα πράγματα, και το ξέρω αυτό επειδή χρειάστηκε να χτίσω όλη μου τη ζωή μόνη μου, χωρίς καμία βοήθεια, συχνά με ανθρώπους που συνωμοτούσαν για να με απολύσουν, αλλά όταν βγαίνεις από το σύστημα, τουλάχιστον στο μυαλό σου, γίνεται πιο εύκολο να βρεις λύσεις σε προβλήματα που προηγουμένως έμοιαζαν ανυπέρβλητα.

Το ερώτημα τότε γίνεται πόσο πρόθυμος είσαι να αποτύχεις, γιατί η επιτυχία δεν έρχεται χωρίς αποτυχία.

Στους ανθρώπους δεν αρέσει όταν το λέω αυτό, επειδή είναι πολύ αλαζόνες για να το δεχτούν, αλλά δεν είσαι καλός συγγραφέας αν δεν έχεις γράψει τουλάχιστον 20 κακά βιβλία.

Αναρωτηθήκατε ποτέ πώς κάποιοι άνθρωποι γίνονται δισεκατομμυριούχοι φαινομενικά μέσα σε μια νύχτα; Μπορεί να μοιάζει με τύχη ή με το να βρίσκεστε στο σωστό μέρος τη σωστή στιγμή, αλλά υπάρχει μια μέθοδος για την επιτυχία τους, η οποία έγκειται στην κατανόηση των τριών στοιχείων της επιτυχίας στα οικονομικά: αξία, φύση και αναγκαιότητα.Ας ξεκινήσουμε με την αξία. Δεν αρκεί να έχετε ένα καλό προϊόν- πρέπει να είναι κάτι που οι άνθρωποι εκτιμούν. Πάρτε για παράδειγμα το χαρτί τουαλέτας. Είναι ένα προϊόν που οι άνθρωποι όχι μόνο χρειάζονται, αλλά και εκτιμούν. Οι άνθρωποι προτιμούν να έχουν καθαρό κώλο παρά καθαρό μυαλό. Η κατανόηση αυτού είναι που κάνει το χαρτί υγείας καλύτερη επιχείρηση από ένα βιβλιοπωλείο. Γι' αυτό είναι σημαντικό να κατανοούμε τι χρειάζονται και τι θέλουν οι άνθρωποι και να δημιουργούμε προϊόντα ή υπηρεσίες που ικανοποιούν αυτές τις ανάγκες. Αλλά η αξία από μόνη της δεν είναι αρκετή. Πρέπει επίσης να λάβουμε υπόψη μας το στοιχείο της φύσης. Δεν μπορείς να διαπραγματευτείς με μια τίγρη και δεν μπορείς να αναγκάσεις τους ανθρώπους να δουν τα πράγματα με τον δικό σου τρόπο.

Μερικοί άνθρωποι απλώς δεν είναι δεκτικοί σε νέες ιδέες ή συμβουλές. Οι συγγραφείς, για παράδειγμα, θεωρούνται τρελοί, μοναχικοί άνθρωποι σε έναν κόσμο ηλιθίων. Αντί λοιπόν να προσπαθείτε να αλλάξετε τη γνώμη των ανθρώπων, είναι προτιμότερο να εστιάζετε σε ανθρώπους που είναι πρόθυμοι να ακούσουν και να μάθουν. Και αυτό σημαίνει επίσης ότι το να οργανώνεις τις πληροφορίες με απλούστερο τρόπο, να κάνεις τα βιβλία σου φθηνότερα και να χρησιμοποιείς ένα ψευδώνυμο είναι καλύτερη εγγύηση για την επιτυχία ως συγγραφέας από το να εκθέτεις τον εαυτό σου και να θέλεις οι άνθρωποι να αγοράσουν τα βιβλία σου επειδή θέλεις να σε συμπαθήσουν.

Ξέρω ότι αυτό ακούγεται ανόητο, αλλά αφού μίλησα με πολλούς συγγραφείς, ανακάλυψα ότι ο λόγος που γράφουν είναι επειδή θέλουν να τους συμπαθήσουν. Δεν τους ενδιαφέρει πραγματικά η αξία των γραπτών τους ή το ποιος τα διαβάζει, αρκεί να τους εκτιμούν. Το πρόβλημα λοιπόν με τους ανθρώπους είναι ότι θέλουν να τους εκτιμούν μόνο για τον κενό χώρο στον εγκέφαλό τους.

Είναι εξαιρετικά παραληρηματικό, αλλά είναι επίσης πολύ αληθινό - οι άνθρωποι είναι τόσο παθιασμένοι με τον εαυτό τους που θέλουν να τους θαυμάζουν για τίποτα περισσότερο από το να είναι ζωντανοί. Αυτό μπορεί να λειτουργεί όταν είσαι τριών ετών, αλλά είναι αρκετά περίπλοκη διαδικασία για να την αποκτήσεις όταν είσαι ενήλικας με τον εγκέφαλο ενός τρίχρονου.

Αυτό μας φέρνει στο ερώτημα της ανάγκης ή του αλτρουισμού. Αν γνωρίζετε τι θέλει και τι χρειάζεται ο κόσμος και είστε πρόθυμοι να προσαρμοστείτε στις αντιλήψεις του για το προϊόν, θα έχετε περισσότερες πιθανότητες να το πουλήσετε.

Κεφάλαιο 23: Ο δρόμος για να γίνεις δισεκατομμυριούχος

Το να πουλήσετε ένα προϊόν αξίας 1 δολαρίου ΗΠΑ σε ένα δισεκατομμύριο ανθρώπους μπορεί να φαίνεται εύκολος τρόπος για να γίνετε δισεκατομμυριούχοι, αλλά δεν είναι τόσο απλό. Το προϊόν πρέπει να είναι κάτι που οι άνθρωποι χρειάζονται, όχι απλώς θέλουν. Η ανάγκη είναι αυτό που κάνει τους ανθρώπους να βγάλουν το πορτοφόλι τους χωρίς δεύτερη σκέψη.

Κατά τη διάρκεια της πανδημίας COVID-19, υπήρχε έλλειψη απολυμαντικού χεριών. Ορισμένοι επιχειρηματίες συνειδητοποίησαν την ανάγκη και άρχισαν να φτιάχνουν τα δικά τους απολυμαντικά χεριών, τα οποία έγιναν γρήγορα μπεστ σέλερ. Τώρα, μπορεί να νομίζετε ότι αυτά τα στοιχεία είναι εκτός του ελέγχου σας. Αλλά μπορείτε να τα ελέγξετε. Κατανοώντας τα τρία στοιχεία της οικονομικής επιτυχίας, μπορείτε να λάβετε μέτρα για να δημιουργήσετε προϊόντα ή υπηρεσίες που χρειάζονται και εκτιμούν οι άνθρωποι.

Για παράδειγμα, αν έχετε ένα προϊόν που θεωρείτε ότι είναι πολύτιμο, αλλά οι άνθρωποι δεν βλέπουν την αξία του, δεν θα πουλήσει. Γι' αυτό είναι σημαντικό να κατανοήσετε τι χρειάζονται και τι θέλουν οι άνθρωποι και να δημιουργήσετε προϊόντα ή υπηρεσίες που ικανοποιούν αυτές τις ανάγκες. Μια εφαρμογή για κινητά που βοηθά τους ανθρώπους να παρακολουθούν τα έξοδά τους μπορεί να μη φαίνεται απαραίτητη, αλλά είναι πολύτιμη για όσους δυσκολεύονται να διαχειριστούν τα οικονομικά τους.

Πρόσφατα, ένας Ινδός έγινε εξαιρετικά πλούσιος απλώς μελετώντας τα είδη των εφαρμογών που χρειάζονται οι άνθρωποι, οι οποίες ήταν όλες πολύ απλές, και μαθαίνοντας πώς να προγραμματίζει για να τις δημιουργήσει. Είναι επίσης σημαντικό να συνειδητοποιήσουμε ότι ορισμένοι άνθρωποι απλώς δεν είναι δεκτικοί σε νέες ιδέες ή συμβουλές. Αντί να προσπαθείτε να τους αλλάξετε γνώμη, είναι προτιμότερο να εστιάζετε σε ανθρώπους που είναι πρόθυμοι να ακούσουν και να μάθουν.

Ένας χρηματοοικονομικός σύμβουλος μπορεί να συναντήσει πελάτες που αρνούνται να ακολουθήσουν τις συμβουλές του. Αντί να προσπαθεί να τους αλλάξει γνώμη, ο σύμβουλος μπορεί να επικεντρωθεί σε πελάτες που είναι πρόθυμοι να κάνουν αλλαγές και να επιτύχουν οικονομική επιτυχία. Το να γίνετε δισεκατομμυριούχος μέσα σε μια νύχτα μπορεί να μοιάζει με άπιαστο όνειρο, αλλά κατανοώντας τα τρία στοιχεία της οικονομικής επιτυχίας - αξία, φύση και ανάγκη - μπορείτε να λάβετε μέτρα για να δημιουργήσετε προϊόντα ή υπηρεσίες που οι άνθρωποι χρειάζονται και εκτιμούν. Αυτά τα στοιχεία είναι υπό τον έλεγχό σας και εστιάζοντας σε αυτά, μπορείτε να αυξήσετε τις πιθανότητες οικονομικής επιτυχίας.

Να θυμάστε, ακόμη και αν δεν γίνετε δισεκατομμυριούχος, μπορείτε να επιτύχετε οικονομική επιτυχία δημιουργώντας προϊόντα ή υπηρεσίες που ικανοποιούν τις ανάγκες και τις επιθυμίες των ανθρώπων. Για παράδειγμα, ένας από τους αναγνώστες μου άνοιξε ένα πρακτορείο γάμων στις Φιλιππίνες και έγινε πλούσιος σε σύντομο χρονικό διάστημα, και ο λόγος είναι απλός: Υπάρχει μια κρίση στη Δύση στην οποία πολλοί άνδρες είναι εξαιρετικά δυσαρεστημένοι με την κατεύθυνση που παίρνει η κοινωνία τους, ή, με άλλα λόγια, με τις αξίες που θεωρούνται καλές.

Αν ένας άνδρας δεν θέλει μια γυναίκα γεμάτη τατουάζ, με περισσότερη σεξουαλική εμπειρία από τη μέση πόρνη και με την ίδια επιθετική αρσενική ενέργεια που αναμένεται από τους άνδρες, έχει το δικαίωμα να ταξιδέψει στις Φιλιππίνες για να βρει μια γυναίκα που ταιριάζει καλύτερα σε αυτόν και τις ανάγκες του για να κάνει οικογένεια, όπως ακριβώς και οι γυναίκες νομίζουν ότι επειδή έχουν την προσοχή ανδρών από όλο τον κόσμο στα προφίλ τους στα μέσα κοινωνικής δικτύωσης, ακόμη και αν είναι μέτριας εμφάνισης ή παχύσαρκες, μπορούν να επιλέξουν τον πλουσιότερο άνδρα του πλανήτη.

Δεν είπα σε αυτόν τον αναγνώστη πού βρίσκονται τα χρήματα. Απλώς διάβασε τα βιβλία μου και εφάρμοσε τις αρχές. Αν κάνετε το ίδιο, θα ξέρετε ότι μόλις σας έδωσα περισσότερες ευκαιρίες σε αυτό το κεφάλαιο από όσες έχετε δει ποτέ στο μεγαλύτερο μέρος της ζωής σας.

Για παράδειγμα, δεδομένου ότι υπάρχει κρίση γάμου και ότι πάνω από το 50% του γυναικείου πληθυσμού στον δυτικό κόσμο αναμένεται να είναι ανύπαντροι και άτεκνοι τις επόμενες δεκαετίες, όλες οι βιομηχανίες που σχετίζονται με αυτές τις γυναίκες θα αυξήσουν τα κέρδη τους.

Δεν ξέρω τι θα κάνουν αυτές οι γυναίκες με τη ζωή τους όταν δεν θα μπορούν πλέον να ανταλλάσσουν την εμφάνισή τους με οικονομική ασφάλεια, αλλά ίσως οι βιομηχανίες υποβοηθούμενης αυτοκτονίας, αλκοόλ και αντικαταθλιπτικών να δουν θετικό οικονομικό αντίκτυπο από αυτό το αποτέλεσμα.

Η δυστυχία των πολλών είναι συχνά το κέρδος των λίγων. Αλλά η εξαιρετικά προκλητική φύση του είδους του κόσμου που οικοδομείται θα απαιτήσει περισσότερες απαντήσεις στο επίπεδο του νου, στις οποίες οι ειδικοί δεν είναι ακόμη έτοιμοι να ανταποκριθούν.

Ο μετασχηματισμός που πρέπει να υποστείτε για να προσαρμοστείτε καλύτερα στο μέλλον εξαρτάται από την προθυμία σας να αφήσετε τον παλιό σας εαυτό. Είναι εξίσου σημαντικό να ξέρετε τι θέλετε όσο και τι δεν μπορείτε να έχετε, και στο τέλος δεν μπορείτε να έχετε τα πάντα. Αυτό το μαθαίνεις γρήγορα όταν θέλεις να πάρεις μια πτήση χωρίς επιστροφή και δεν μπορείς να μεταφέρεις πάνω από 20 κιλά. Αν και αναγνωρίζω ότι δεν είναι πάντα δυνατό να έχουμε τα πάντα σε τέλεια ισορροπία και ότι το τίμημα πληρώνεται γρήγορα με τη μορφή κατάθλιψης, μοναξιάς και έλλειψης ζωτικότητας, η ευθυγράμμιση με τον καλύτερο εαυτό μας και η ιδανική μας ζωή βρίσκονται στο ίδιο επίπεδο. Δεν μπορείς να κάνεις πολλά πράγματα όταν είσαι λυπημένος, άρρωστος και αδύναμος.

Το υψηλότερο τίμημα που πρέπει να πληρώσετε για μια ολοκληρωμένη ζωή έρχεται με τη μορφή της συνεχούς πειθαρχίας. Αυτό το μονοπάτι απαιτεί επίσης να αποδεχτούμε το τίμημα που μας ζητά ο Θεός προκειμένου να βρούμε τις καλύτερες ευκαιρίες, ακόμη και αν αυτό σημαίνει ότι πρέπει να δουλεύουμε σκληρότερα από τους άλλους ανθρώπους ή να περνάμε περισσότερο χρόνο μόνοι μας.

Κεφάλαιο 24: Ξεπερνώντας τις ασυνείδητες εξαρτήσεις

Το ταξίδι για να ζήσουμε πέρα από τους ανθρώπινους περιορισμούς απαιτεί αφοσίωση, σκληρή δουλειά και προθυμία να αποδεχτούμε τις συνέπειες. Όμως οι ανταμοιβές είναι ανυπολόγιστες και η εμπειρία αυτή είναι κάτι που θα συνιστούσα σε όποιον θέλει να βρει την αληθινή ολοκλήρωση στη ζωή. Δεν είναι πάντα εύκολο να αντιμετωπίζεις δυσάρεστες καταστάσεις, αλλά είναι απαραίτητο αν θέλεις να αναπτυχθείς και να αλλάξεις. Ο κόσμος μας αλλάζει με πρωτοφανή ρυθμό, με νέες τεχνολογίες και καινοτομίες να εμφανίζονται καθημερινά. Με αυτά τα εργαλεία και τη δέσμευση για αυτοβελτίωση και συνειδητοποίηση, μπορούμε να δημιουργήσουμε μια καλύτερη ζωή για τον εαυτό μας, που θα βασίζεται σε θεμέλια αγάπης και ενσυναίσθησης. Πρέπει όμως να έχουμε επίγνωση του τρόπου με τον οποίο οι σκέψεις και οι πεποιθήσεις μας διαμορφώνουν συλλογικά τον τρόπο με τον οποίο αντιλαμβανόμαστε την ύπαρξή μας.

Οι εμπειρίες του παρελθόντος διαμορφώνουν την προσωπικότητα και τις πράξεις μας με απροσδόκητους τρόπους που συχνά παραβλέπουμε. Αυτές οι δομές επηρεάζουν στη συνέχεια την άποψή μας για τον κόσμο και τον εαυτό μας, οδηγώντας σε μια συνεχή επανάληψη των δικών μας υποσυνείδητων δραματοποιήσεων. Τις αποκαλώ υποσυνείδητες επειδή συνήθως δεν έχουμε επίγνωση ότι υπάρχουν στο μυαλό μας και ότι τις αναπαριστούμε με τα λόγια και τις πράξεις μας.

Τα πράγματα που λέμε, τα πράγματα που περιμένουμε να πουν οι άλλοι και η δική μας φυσική γλώσσα επηρεάζουν τον τρόπο με τον οποίο οι άλλοι άνθρωποι μας αντιλαμβάνονται και αντιδρούν σε εμάς και έχουν τις ρίζες τους στις παιδικές μας εμπειρίες και στα πράγματα που έχουμε ακούσει και μας έχουν πει για τον εαυτό μας. Με αυτόν τον τρόπο οι γονείς μπορούν να προετοιμάσουν τα παιδιά τους για όλη τους τη ζωή.

Συνήθως, τα πράγματα που περνάμε ενισχύουν αυτές τις δραματοποιήσεις και τις κάνουν πιο πραγματικές. Αυτός είναι ο λόγος για τον οποίο η αλλαγή είναι τόσο δύσκολη. Είναι δύσκολο να αλλάξουμε επειδή όλοι μας λένε συνεχώς ότι είμαστε ψεύτες, ότι δεν είμαστε αυτοί που νομίζουμε ότι είμαστε. Και ποιοι είστε εσείς;

Συνεχίζουν να σας λένε ότι είστε το ψέμα που σας έχουν πει οι άλλοι ότι είστε, επειδή αυτό βλέπουν και αυτό θέλουν - επιβεβαίωση των στερεοτύπων τους. Ως αποτέλεσμα, όσο περισσότερο απομακρύνεσαι από τις δραματοποιήσεις του μυαλού σου, τόσο περισσότερο ο κόσμος θα σου εναντιώνεται, σαν να θέλει να επιστρέψεις στις ίδιες δραματοποιήσεις με τις οποίες λειτουργούν, γιατί είναι σαν να παραβιάζεις τους κανόνες της ζωής. Και αυτό κάνετε, αρνείστε στον εαυτό σας μια ζωή σκλαβιάς στο μυαλό σας, το ίδιο είδος ζωής που όλοι οι άλλοι έχουν ήδη αποδεχτεί, γιατί βασικά οι άνθρωποι στον πλανήτη Γη έχουν τη νοοτροπία του σκλάβου - του σκλάβου του συστήματος.

Οι θρησκείες που σας αρέσουν περισσότερο - ο Χριστιανισμός, το Ισλάμ, ο Βουδισμός και ο Ιουδαϊσμός - είναι όλες θρησκείες που σας διδάσκουν να αποδέχεστε τη δουλεία.

Αυτό σημαίνει επίσης ότι οι άνθρωποι λειτουργούν με τρόπο αντιδραστικό και όχι αναλυτικό. Αντιδρούν στον κόσμο με βάση την εσωτερική τους πραγματικότητα και όχι με βάση το τι είναι η πραγματικότητα, οπότε δεν βλέπουν τι είναι, επειδή αυτό που θέλουν να είναι η πραγματικότητα είναι μια δραματοποίηση της ψυχικής τους ασθένειας- οι ψυχικές τους ταινίες.

Η τεράστια αύξηση του ρατσισμού στην Ευρώπη σημαίνει απλώς ότι οι Ευρωπαίοι είναι ψυχικά άρρωστοι, διότι δεν μπορείς να δραματοποιήσεις κάτι που δεν έχεις δει με βάση το χρώμα του δέρματος ενός ατόμου που δεν γνωρίζεις, εκτός αν η εσωτερική πραγματικότητα είναι ισχυρότερη από την εξωτερική, και αυτό είναι ουσιαστικά η σχιζοφρένεια. Έτσι, οι άνθρωποι μας λένε ότι είμαστε τρελοί επειδή δεν σκεφτόμαστε όπως αυτοί, ενώ αυτοί είναι ξεκάθαρα οι τρελοί, επειδή όλοι συμφωνούν στην ίδια παραφροσύνη. Το κάνουν αυτό εξαιτίας της ασυνείδητης προετοιμασίας τους. Δυστυχώς, οι περισσότεροι άνθρωποι δεν έχουν επίγνωση της συμπεριφοράς τους και συνεχίζουν να ενεργούν σύμφωνα με τις ασυνείδητες αντιδράσεις τους, διαιωνίζοντας τον κύκλο της παραφροσύνης.

Σε ένα περιστατικό που καταδεικνύει αυτή τη σύνδεση, ένας πράκτορας ακτοπλοϊκών εισιτηρίων ήταν αγενής μαζί μου χωρίς ιδιαίτερο λόγο. Αφού τον αντιμετώπισα, ο τόνος του άλλαξε ξαφνικά και ζήτησε συγγνώμη. Ήταν σαν να μην είχε επίγνωση της συμπεριφοράς του και, αντιμετωπίζοντάς τον, τον έκανα να συνειδητοποιήσει ότι συμπεριφερόταν τρελά. Αλλά αυτό δεν είναι πάντα εφικτό! Μερικοί άνθρωποι σας επιτίθενται σωματικά επειδή προτιμούν να σας σκοτώσουν ή να σκοτωθούν παρά να παραδεχτούν ότι είναι τρελοί.

Αυτό το έμαθα εύκολα όταν η ίδια μου η μητέρα, η οποία είχε εμμονή να με ξεφορτωθεί βάζοντάς με σε ψυχιατρικό ίδρυμα, μου είπε ότι είχα ραντεβού με ψυχίατρο. Της είπα: "Δεν με πειράζει να πάω στον ψυχίατρο, αλλά το ίδιο πρέπει να κάνεις κι εσύ, γιατί το χρειάζεσαι περισσότερο από μένα!" Και προσπάθησε να με χαστουκίσει στο πρόσωπο και, ακόμα κι όταν της έπιασα και τα δύο χέρια, δεν σταμάτησε να ουρλιάζει. Ο πατριός μου, ο οποίος υποτίθεται ότι συμμετείχε στο σχέδιο, αναγκάστηκε να παρέμβει και να την απομακρύνει.

Εκείνη τη στιγμή συνειδητοποίησα ότι δεν είχα πού να μείνω, αλλά ήμουν πολύ αφελής για να παραδεχτώ ότι οι ίδιοι οι γονείς μου θα προτιμούσαν να με δουν νεκρό ή άστεγο. Και δεν είμαι η μόνη με αυτή την αφέλεια, γιατί κάθε φορά που λέω αυτή την ιστορία, οι άνθρωποι υποθέτουν ότι πρέπει να είμαι πολύ κακός άνθρωπος. Είναι πολύ ηλίθιοι για να δουν τη σκληρότητα του κόσμου ως αυτό που είναι. Ίσως γι' αυτό έκανα πάντα φίλους εκείνους που έχουν δει αυτή τη σκληρότητα σε διάφορες μορφές.

Κεφάλαιο 25: Εκδηλώνοντας νέες πραγματικότητες

Οι άνθρωποι συχνά δραματοποιούν τις δικές τους παιδικές εμπειρίες ή τη βία που τους ασκήθηκε στο παρελθόν, κάτι που είναι κοινό χαρακτηριστικό των ναρκισσιστών και των ψυχοπαθών. Έχουμε την τάση να πιστεύουμε ότι βρίσκονται μόνο στις φυλακές και στα άσυλα, αλλά υπάρχουν παντού στην κοινωνία. Γι' αυτό είναι πιο σημαντικό να μάθουμε να συγχωρούμε τους εαυτούς μας που τους συναντάμε, παρά να τους συγχωρούμε που ενεργούν σύμφωνα με τη φύση τους.

Αν πίστευα ότι για τις πράξεις των γονιών μου έφταιγα εγώ, θα είχα αυτοκτονήσει, όπως θα ήθελαν οι περισσότεροι συγγενείς να κάνω, γιατί αυτό θα παρηγορούσε τη δική τους άγνοια. Η ανασκόπηση των εμπειριών του παρελθόντος βοηθά να ξεμπλοκάρουμε τις περιοχές του νου μας που έχουν εξαρτηθεί από προηγούμενα μοτίβα σκέψης και, όσο περισσότερο το κάνουμε αυτό, τόσο πιο εύκολο θα είναι να συγχωρήσουμε τον εαυτό μας.

Μπορεί να μην μπορέσουμε ποτέ να εξηγήσουμε σε έναν κόσμο απίστευτης βλακείας τι σημαίνει να καταλαβαίνεις την ψυχολογική κακοποίηση, αλλά δεν μπορούν επίσης να καταλάβουν γιατί κάποιος που ξέρει περισσότερα από αυτούς γράφει βιβλία. Είναι πολύ παθιασμένοι με τον εαυτό τους για να συνειδητοποιήσουν τους δικούς τους περιορισμούς, οπότε νομίζουν ότι το πρόβλημα της άγνοιάς τους έγκειται σε εκείνους που τους αποδεικνύουν ότι είναι αδαείς.

Η επεξεργασία και η απελευθέρωση των αναμνήσεων μπορεί να βοηθήσει στην αναδιαμόρφωση των μοτίβων σκέψης και να μας επιτρέψει να γίνουμε καλύτερες εκδοχές του εαυτού μας, αλλά θα μας δώσει επίσης μια καλύτερη αίσθηση του ποιοι είναι πραγματικά οι άλλοι άνθρωποι. Μπορείτε να προσπαθήσετε να μας αποδείξετε ότι κάνουμε λάθος, αλλά τα γουρούνια δεν πετάνε.

Έχω πολλούς ψυχικά ασθενείς αναγνώστες που γράφουν στις κριτικές τους ότι είμαι ψυχικά άρρωστος. Είναι πραγματικά πολύ αστείο. Θα ήθελα να τους δω να προσπαθούν να περάσουν τις ίδιες εξετάσεις με μένα με καλύτερη βαθμολογία ή να μου δείξουν ότι το IQ τους είναι υψηλότερο από το δικό μου.

Όπως έμαθα στις πολεμικές τέχνες, οι περισσότεροι άνθρωποι είναι πραγματικά τόσο παραπλανημένοι που δεν καταλαβαίνουν τίποτα, ακόμα κι αν τους κάνεις να ματώσουν. Ακόμα και τότε, κοιτάζουν το αίμα και δεν μπορούν να πιστέψουν ότι τους συνέβη. Θυμάμαι μια φορά που κέρδισα έναν τύπο σε έναν αγώνα και ο φίλος του είπε: "Κέρδισες μόνο επειδή τέντωσες τα χέρια σου κάθε φορά που έριχνες μια γροθιά!".

Αυτό είναι σαν να λες ότι έπρεπε να χάσω επειδή ο άλλος ήταν μεγαλύτερος από μένα.

Η αλαζονεία των ανθρώπων είναι απόλυτη, οπότε αν κάποιος σου επιτεθεί με τις γροθιές του και τον σπάσεις και τον στείλεις στο νεκροταφείο, θα πουν ότι δεν ήταν αυτοάμυνα, αλλά δολοφονία. Κι αν σε δολοφονήσουν; Θα ήταν μια ατυχία που θα μπορούσε να συμβεί στον καθένα;

Σε έναν κόσμο όπου η πλειοψηφία είναι απίστευτα ηλίθια, δεν είναι οι καλύτεροι άνθρωποι που έχουν προτεραιότητα, αλλά οι χειρότεροι. Αλλά μερικές από τις καλύτερες στιγμές της προσωπικής μου ανάπτυξης προήλθαν από τις πιο δύσκολες εμπειρίες. Είτε πρόκειται για μια απροσδόκητη έξωση, είτε για ένα αφεντικό που παρακρατεί τον μισθό μου είτε για τον σπαραγμό της απιστίας ενός συντρόφου, έχω έρθει αντιμέτωπη με αμέτρητα εμπόδια που απειλούσαν να με οδηγήσουν στα βάθη της απελπισίας. Πιστεύω όμως ότι ο καλύτερος τρόπος για να αντιμετωπίσουμε αυτές τις καταστάσεις είναι να εγκαταλείψουμε το άτομο που νομίζουμε ότι είμαστε ή θα έπρεπε να γίνουμε και να αγκαλιάσουμε το άτομο που δεν πιστεύαμε ποτέ ότι θα γινόμασταν.

Σίγουρα δεν πίστευα ότι θα γινόμουν συγγραφέας και ότι θα ζούσα σε διαφορετικές χώρες. Ο πρώτος μου στόχος υλοποιήθηκε όταν έγινα διευθυντής επιχειρήσεων. Ωστόσο, σύντομα συνειδητοποίησα ότι μισούσα την ιδέα να εργάζομαι για άλλους σε ένα γραφείο και ότι είχα πάρα πολλές γνώσεις για να μοιραστώ.Μια από τις πιο δύσκολες εμπειρίες που αντιμετώπισα ήταν μια απροσδόκητη έξωση από τον ίδιο μου τον πατέρα. Χωρίς να έχω πού να πάω, βρέθηκα να ζω στους δρόμους και να αγωνίζομαι να επιβιώσω. Ωστόσο, τότε ήταν που ανακάλυψα τη σημασία της πίστης. Γνώρισα αγνώστους που με βοήθησαν και μου έδωσαν νέα ελπίδα. Αλλά συχνά αναρωτιέμαι αν χρειαζόμαστε κουράγιο ή απλώς αποδοχή, επειδή στην πραγματικότητα δεν επιλέγουμε τα περισσότερα από τα πράγματα που μας συμβαίνουν. Απλώς μαθαίνουμε να ξεπερνάμε τις καταστάσεις στις οποίες βρισκόμαστε.

Μέσα από έναν συνδυασμό σκληρής δουλειάς και αποφασιστικότητας, κατάφερα τελικά να βρω ένα νέο σπίτι και να σταθώ ξανά στα πόδια μου. Και καθώς περνούσε ο καιρός, άρχισα να παλεύω με την ιδέα ότι έπρεπε να αντιμετωπίζω κακούς, ζηλιάρηδες ανθρώπους που προσπαθούσαν να με κάνουν να χάσω τη δουλειά μου επειδή πάντα έβρισκα μια καλύτερη ευκαιρία. Αλλά είναι δύσκολο να νιώθεις θυμό όταν η ζωή σου γίνεται συνεχώς καλύτερη, ανεξάρτητα από το τι σου κάνουν οι άλλοι.

Σίγουρα είναι πιο δύσκολο για τους άλλους να μας κάνουν να υποφέρουμε όταν αγκαλιάζουμε το σκοτάδι. Σε μια από τις πιο σκοτεινές στιγμές της ζωής μου, αποφάσισα να εγκαταλείψω τα πάντα - διδασκαλία, διεύθυνση εταιρειών, συμβουλευτική κ.λπ. - και απλά να αποσυνδεθώ από τον κόσμο, δουλεύοντας τη νύχτα. Αυτό κατέστη δυνατό χάρη στη δουλειά μου ως φύλακας ασφαλείας. Καθώς ήμουν μόνη μου τον περισσότερο χρόνο, αποφάσισα να διαβάζω περισσότερο και διάβασα τόσο πολύ που κάποια στιγμή διάβαζα ένα βιβλίο την ημέρα. Ήταν εύκολο, επειδή οι περισσότεροι συγγραφείς δεν έχουν τίποτα ενδιαφέρον να πουν και τείνουν να επαναλαμβάνουν τα ίδια πράγματα.

Ωστόσο, κατά τη διάρκεια αυτής της περιόδου δοκίμασα τις γνώσεις μου για την εκδήλωση νέων πραγματικοτήτων και κατάφερα να προσελκύσω μια θέση εργασίας στο εξωτερικό. Για την ακρίβεια, προσέλκυσα δύο θέσεις εργασίας ως λέκτορας πανεπιστημίου με ξενοδοχεία με προπληρωμένα διαμερίσματα. Αυτό έθεσε τις βάσεις για άλλες αλλαγές που ακολούθησαν, κυρίως στην άποψή μου για τον κόσμο.

Κεφάλαιο 26: Βρίσκοντας την αρμονία στις δυσκολίες

Π οτέ δεν ξέρουμε ποιες ευκαιρίες θα μας δώσουν αυτά που χρειαζόμαστε περισσότερο. Στην πραγματικότητα, βοηθώντας μια φίλη μου με την επιχείρησή της, είχα την ευκαιρία να γνωρίσω πολλούς δισεκατομμυριούχους, γεγονός που ενίσχυσε επίσης το όραμά μου γι' αυτό που ήδη αναζητούσα.

Είναι δύσκολο να πιστέψω τώρα πόσο πολύ έχω αλλάξει, αλλά ανακάλυψα ότι οι άνθρωποι είναι τόσο τυφλοί που δεν μπορούν ούτε αυτοί να το δουν. Η μόνη μου επιλογή είναι να συνεχίσω να προχωράω μπροστά και να αλλάζω. Αλλά ποτέ δεν σταμάτησα να γράφω βιβλία. Σκέφτηκα να γράψω ένα, όχι τόσα πολλά, αλλά ποτέ δεν σταμάτησα. Υποθέτω επειδή δεν βλέπω αυτό που κάνω ως γράψιμο, το βλέπω απλώς ως τον εαυτό μου.

Αν ήμουν ομιλητής, όλα αυτά θα χάνονταν γιατί κανείς δεν θα τα κατέγραφε και δεν θα τα μοιραζόταν. Ίσως να το έκαναν, αλλά θα προσποιούνταν ότι ήταν δικό τους, και πολλά θα χάνονταν. Με αυτόν τον τρόπο, πολλοί περισσότεροι άνθρωποι μπορούν να επωφεληθούν, όχι μόνο τώρα, αλλά και για τις μελλοντικές γενιές. Ας ελπίσουμε ότι αυτά τα βιβλία θα είναι διαθέσιμα για πάντα. Και πόσο θλιμμένος πρέπει να είμαι για το παρελθόν μου όταν σκέφτομαι όλη τη δόξα που με περιμένει στο μέλλον;

Οι άνθρωποι που με μισούσαν, οι άνθρωποι που με έκαναν να χάσω τη δουλειά μου με ψέματα, θα είναι όλοι νεκροί. Αυτά τα βιβλία θα ζήσουν για πάντα και θα με ξεπεράσουν. Τα βιβλία έχουν σημασία, δεν έχουν!

Θα ήταν διαφορετική η ζωή μου αν δεν είχα αντιμετωπίσει τόσες προκλήσεις; Μάλλον όχι!

Πάντα μου άρεσε η ιδέα να είμαι ελεύθερη να αλληλεπιδρώ με πολλούς πολιτισμούς. Δεν είμαι σίγουρη ότι θα γινόμουν συγγραφέας, αλλά ίσως θα συνέχιζα να μοιράζομαι αυτά που ξέρω με κάποιον τρόπο, μορφή ή μορφή. Αλλά αν κάποιος θέλει να διορθώσει έναν ολόκληρο πολιτισμό, οι άνθρωποι αυτού του πολιτισμού θα τον δουν ως απειλή, γι' αυτό και όσοι θέλουν να μάθουν περισσότερα είναι πάντα προορισμένοι να γίνουν νομάδες.

Οι προκλήσεις της ζωής μπορούν να θεωρηθούν ως μια διαδικασία εξευγενισμού, κατά την οποία τα βάσανα και οι αγώνες μας λειτουργούν ως φωτιά εξαγνισμού, καίγοντας τις ακαθαρσίες της ψυχής μας και αποκαλύπτοντας την ομορφιά του πνεύματός μας, αλλά μας δείχνουν επίσης έναν καθρέφτη, δείχνοντάς μας τα πράγματα που προηγουμένως αρνιόμασταν να δούμε.

Ένα από τα πράγματα που αναγκάστηκα να δω για τον εαυτό μου ήταν η έλλειψη αυτοαγάπης. Αυτό γίνεται πολύ εμφανές όταν βρίσκεσαι σε ένα έθνος με εξαιρετικά αγενείς ανθρώπους, όπως η Πολωνία ή η Λιθουανία.

Μέσα από αυτή τη μεταμορφωτική διαδικασία της γνωριμίας με τις αδυναμίες και τα δυνατά μας σημεία, καθώς και με τις ανάγκες μας, γινόμαστε πιο ανθεκτικοί και σοφότεροι, και αυτό είναι που μας βοηθά να παίρνουμε καλύτερες αποφάσεις και να αφήνουμε πίσω μας ανθρώπους που δεν είναι ευθυγραμμισμένοι με τους στόχους και την αυτοεικόνα μας.

Αν πρόκειται να γράψω τόσα πολλά βιβλία τόσο γρήγορα, σίγουρα δεν μπορώ να περιβάλλομαι από ηλίθιους που δεν μπορούν να διακρίνουν τη διαφορά ανάμεσα σε αυτό που γράφω εγώ και σε αυτό που γράφει ένας άλλος κατώτερος συγγραφέας. Το γεγονός ότι είμαι επί πολλά χρόνια καθηγητής και ερευνητής σε πανεπιστήμια μου δίνει το πλεονέκτημα να βλέπω τα βάθη της άγνοιας των άλλων ανθρώπων με τρόπο που είναι αόρατος για πολλούς, αλλά από την άλλη πλευρά, λίγοι ενδιαφέρονται και λίγοι θέλουν να εξετάσουν τις παρατηρήσεις μου.

Ο παραλληλισμός μπορεί να γίνει όταν δίδασκα παιδιά για να ξεπεράσουν τις μαθησιακές δυσκολίες. Διαπίστωσα ότι όσο μεγαλύτεροι ήταν οι μαθητές, τόσο πιο δύσκολο ήταν να τους διδάξω κάτι καινούργιο, ακόμη και όταν η προσωπικότητά τους ήταν προδιαγεγραμμένη για απόλυτη αποτυχία στη ζωή. Αλλά ένα από τα πιο σημαντικά ερωτήματα που δεν θέτει κανείς είναι: Οι πεποιθήσεις των άλλων ανθρώπων θα με κάνουν καλύτερο ή χειρότερο άνθρωπο;

Η απάντηση είναι προφανής, αλλά δυσάρεστη, επειδή οι περισσότεροι άνθρωποι δεν περιμένουν πολλά από εσάς, όπως δεν περιμένουν πολλά και από τους εαυτούς τους. Όσο πιο αλαζόνες και ζηλόφθονοι είναι, τόσο πιο αληθινή είναι αυτή η παραδοχή. Αλλά δεν μεγαλώνουμε ακούγοντάς τους, μεγαλώνουμε κοιτάζοντάς τους.

Θα ανακαλύψετε ότι, τις περισσότερες φορές, λένε ψέματα επειδή μισούν την ιδέα να βλέπουν κάποιον που ξέρει περισσότερα και προοδεύει πιο γρήγορα στη ζωή από αυτούς. Ίσως γι' αυτό είναι εύκολο να κάνω φίλους επιχειρηματίες όπου κι αν πάω. Είναι οι άνθρωποι που ζηλεύουν λιγότερο, επειδή έχουν ήδη αυτό που θέλουν. Συνήθως καταφέρνουν να ξεκινήσουν μια συζήτηση από περιέργεια και να δημιουργήσουν μια φιλία βασισμένη στην ίδια περιέργεια. Και αυτές είναι ίσως οι πιο ενδιαφέρουσες φιλίες, επειδή δεν έχουν κρυφές ατζέντες, είναι απλώς δύο άνθρωποι που μοιράζονται αυτά που ξέρουν και έχουν δει από τον κόσμο.

Αυτή τη στιγμή ζω σε ένα νησί και έχω επτά Έλληνες φίλους, οι οποίοι είναι όλοι επιχειρηματίες. Δεν είναι το ίδιο όταν συναντώ μια ελκυστική μπαρίστα, γιατί ακόμα κι αν κάνουμε μια ωραία κουβέντα, δεν μπορεί να πει πολλά.Εκείνη: "Πόσες γλώσσες μιλάς;"

Εγώ: "Μιλάω τρεις γλώσσες!"

Εκείνη: "Μιλάς ελληνικά;"

Εγώ: "Όχι ακόμα!"

Θα μπορούσαμε να συνεχίσουμε έτσι για πάντα, αλλά δεν θα φτάναμε πουθενά. Μερικές φορές αναρωτιέμαι ακόμη και αν θα παντρευτώ ποτέ, επειδή δεν μπορώ να κάνω αυτό που οι άνθρωποι αποκαλούν φυσιολογική συζήτηση. Δεν είναι φυσιολογικό για μένα. Νιώθω σαν να μιλάω σε ένα παιδί.

Οι τρεις πιο συνηθισμένες ερωτήσεις που μου κάνουν οι άνθρωποι μπορεί να είναι πολύ σημαντικές γι' αυτούς, αλλά δεν σημαίνουν τίποτα για μένα, δεν ξέρω ποτέ τι να τους απαντήσω γιατί ό,τι κι αν πω δεν σημαίνει τίποτα: Γιατί είσαι εδώ; Πού μένεις; Πόσο καιρό σκοπεύετε να μείνετε;

Όλες αυτές οι ερωτήσεις σχετίζονται με την ιδέα ότι δεν μπορούμε να αλλάξουμε, και ο κόσμος μου είναι το ακριβώς αντίθετο από αυτό - διαβάζω, ερευνώ, μαθαίνω και αλλάζω συνεχώς - αλλάζω τον εαυτό μου και τη ζωή μου.

Κεφάλαιο 27: Πώς να αντιμετωπίζετε τις σκληρές αλήθειες στο δρόμο προς την επιτυχία

Δεδομένου ότι οι περισσότεροι άνθρωποι είναι αργοί και αδαείς, ένα από τα πιο απροσδόκητα εμπόδια στην επιτυχία είναι ο φθόνος και η δυσαρέσκεια των άλλων. Ακόμη και εκείνοι που ισχυρίζονται ότι εκτιμούν την αδελφοσύνη και την αποδοχή μπορούν να αισθάνονται απειλή και δυσαρέσκεια για τα επιτεύγματά σας. Το έχω βιώσει αυτό ο ίδιος, ιδίως από ομάδες όπως οι μασόνοι, οι χριστιανοί και οι ροδόσταυροι.Μια άλλη πρόκληση στο δρόμο προς την επιτυχία είναι το αίσθημα μοναξιάς που μπορεί να προκύψει όταν επιδιώκετε τους στόχους σας. Μπορεί να είναι απομονωτικό να επικεντρώνεστε τόσο έντονα στα δικά σας όνειρα, ενώ παρακολουθείτε τους φίλους σας να προχωρούν με πιο αργούς ρυθμούς. Ωστόσο, τα πρώτα χρόνια της ζωής μας μπορούν να διαμορφώσουν τη μελλοντική μας επιτυχία. Για μένα, ήταν από την ηλικία των 15 έως των 25 ετών που ανέπτυξα την ορμή και την αποφασιστικότητα που με έφεραν εκεί που είμαι σήμερα.

Κατά τη διάρκεια αυτών των ετών ανέπτυξα ένα πάθος για τα βιβλία. Αυτός ο δρόμος αποδείχθηκε για μένα απεριόριστος, αν και νιώθω ότι το μέγεθος του κόσμου μικραίνει όσο μεγαλώνει η φιλοδοξία μου να μάθω περισσότερα. Υπάρχουν πολλοί άνθρωποι σε αυτόν τον πλανήτη, αλλά λίγοι θα αμφισβητήσουν τις απόψεις και τις αξίες μας, και αυτές είναι οι πιο ουσιαστικές συνδέσεις που θα βρούμε.

Φυσικά, ο αντίθετος δρόμος, η σκοτεινή πλευρά της ιστορίας μας, είναι να τα παρατήσουμε εξαιτίας των φόβων μας, του φόβου ότι δεν ξέρουμε το μέλλον, του φόβου της μοναξιάς και του φόβου της αποτυχίας. Νομίζω ότι αυτοί οι τρεις φόβοι καθόρισαν τις ζωές των περισσότερων ανθρώπων που έχω γνωρίσει.

Πολλοί άνθρωποι έχουν προβλήματα με το αλκοόλ επειδή δεν μπορούν να βρουν έναν σκοπό στη ζωή τους. Αλλά είναι επίσης αλήθεια ότι ορισμένα περιβάλλοντα ευνοούν περισσότερο αυτό το ενδεχόμενο απ' ό,τι άλλα. Σίγουρα υπάρχουν πολλές χώρες στις οποίες θα μπορούσα να νιώσω μόνο κατάθλιψη και έλλειψη κινήτρων, γι' αυτό και αποφάσισα να ταξιδέψω περισσότερο από ό,τι πριν, να δω περισσότερα και να κάνω λάθη πιο γρήγορα.

Ο δρόμος προς την επιτυχία απαιτεί ανθεκτικότητα και προθυμία να αντιμετωπίσουμε δύσκολες αλήθειες που δεν περιμέναμε πριν. Με το θάρρος να αντιμετωπίσεις τα κοινωνικά ζητήματα, ο καθένας μπορεί να επιτύχει μεγαλεία, αλλά για να το πετύχεις αυτό πρέπει να αποδεχτείς τη συνεχή αλλαγή.

Δεν μπορούμε πάντα να κατευθύνουμε την αφήγηση ή να γνωρίζουμε ποια θα είναι τα επόμενα κεφάλαια της ζωής μας, αλλά το υποσυνείδητό μας συχνά κατευθύνει αυτές τις προκλήσεις, οδηγώντας μας βαθύτερα στον πραγματικό μας εαυτό. Όσο περισσότερα βλέπουμε στον κόσμο, τόσο περισσότερα μαθαίνουμε για τον εαυτό μας.

Δεδομένου ότι κάπου πρέπει να φάμε και να κοιμηθούμε και ότι αυτές οι βασικές ανάγκες συχνά αρνούνται σε πολλούς ανθρώπους, οι επιλογές μας συχνά περιορίζονται επίσης από το είδος των ανθρώπων που συναντάμε, τις διαθέσιμες ευκαιρίες και το πόσο γρήγορα προσαρμοζόμαστε σε νέα περιβάλλοντα και τις απαιτούμενες δεξιότητες. Αυτό σημαίνει, φυσικά, ότι κάποιος που βρίσκεται σε ένα πολύ φτωχό περιβάλλον, περιτριγυρισμένος από άχρηστους και ανίκανους ανθρώπους, θα δυσκολευτεί πολύ περισσότερο να επιβιώσει από κάποιον που βρίσκεται σε ένα περιβάλλον που ευνοεί την αυτοανάπτυξη και την απόκτηση ευκαιριών ανάπτυξης.

Το πιο χαζό άτομο στο πλουσιότερο έθνος θα έχει πάντα περισσότερες ευκαιρίες από το πιο έξυπνο άτομο στο φτωχότερο έθνος. Και αυτή η ανισότητα φέρνει φυσικά στην επιφάνεια πολιτισμικές διαφορές που μας επηρεάζουν σε ατομικό επίπεδο.

Ένα άτομο που μεγαλώνει χωρίς αγάπη και ευκαιρίες θα πρέπει να αγωνιστεί σε υπερφυσικό επίπεδο για να κάνει τη ζωή του να λειτουργήσει σε ένα ελάχιστο επίπεδο, χωρίς ασθένειες και μοναξιά, και θα πρέπει να ενεργεί σε αυτό το υπερφυσικό επίπεδο κάθε μέρα.

Αυτό το άτομο θα έχει περισσότερες ευκαιρίες αν μετακομίσει σε άλλη χώρα και πολιτισμό. Διαφορετικά, θα αναγκαστεί να προσαρμόσει τον χαρακτήρα του στις προκλήσεις που αντιμετωπίζει και να γεφυρώσει το χάσμα μεταξύ της κατάστασής του και των στόχων της ζωής του. Αυτό σημαίνει ότι θα πρέπει να δουλέψει πολύ πιο σκληρά από τους άλλους ανθρώπους γύρω του και να αποκτήσει περισσότερη πειθαρχία, αν θέλει να πετύχει αυτό που δεν έχουν οι άνθρωποι γύρω του.

Όταν κοιτάζουμε γύρω μας, είναι σαφές ότι η κοινωνία πρέπει να αναδιαρθρωθεί πλήρως και ότι η έννοια του έθνους πρέπει να επαναπροσδιοριστεί. Πρέπει να αναγνωρίσουμε ότι ο πλούτος ενός έθνους βρίσκεται στους ανθρώπους του και εναπόκειται σε εμάς να καταστήσουμε δυνατή μια ειρηνική επανάσταση, διαφορετικά μια βίαιη επανάσταση θα είναι αναπόφευκτη. Το βλέπουμε αυτό στις διαμαρτυρίες που ξεσπούν σε όλο τον κόσμο, όπου έχουν χαθεί με τραγικό τρόπο ζωές λόγω της πολυετούς διαφθοράς και αδικίας. Αλλά η ιστορία μάς έχει επίσης δείξει ότι η αλλαγή είναι δυνατή και ότι έχουμε τη δύναμη να την πραγματοποιήσουμε.Για να επιτύχουμε αυτή την παγκόσμια αφύπνιση, πρέπει να αγκαλιάσουμε τη διαφορετικότητα και να ξεπεράσουμε τις διαφορές μας. Το μέλλον της ανθρωπότητας εξαρτάται από την ικανότητά μας να συνεργαστούμε για ένα καλύτερο μέλλον, βάζοντας την ευημερία των ατόμων και του πλανήτη πάνω από τα βραχυπρόθεσμα κέρδη και το προσωπικό κέρδος.

Εν τω μεταξύ, ο ρατσισμός και ο διαχωρισμός παραμένουν μια σημαντική πρόκληση για τη δημιουργία μιας ενωμένης παγκόσμιας κοινότητας. Στην Ευρώπη, τα ζητήματα του ρατσισμού και του διαχωρισμού εξακολουθούν να επηρεάζουν την ήπειρο και να εμποδίζουν τη δημιουργία ενός συνεκτικού οράματος για το μέλλον.

Κεφάλαιο 28: Πώς να καλλιεργήσετε την εσωτερική σοφία μέσω της εκπαίδευσης και της φύσης

Η παγκόσμια αφύπνιση μας καλεί να ενωθούμε, να αγκαλιάσουμε την ποικιλομορφία μας και να αναγνωρίσουμε τη διασύνδεσή μας. Πρέπει να εργαστούμε για ένα καλύτερο μέλλον για όλους, δίνοντας προτεραιότητα στην ανθρώπινη και πλανητική ευημερία. Και πιστεύω ακράδαντα ότι η εκπαίδευση είναι μια από τις σημαντικότερες πτυχές αυτού του ταξιδιού προς μια καλύτερη και υψηλότερη συλλογική συνείδηση. Μας παρέχει τις γνώσεις και τις δεξιότητες που χρειαζόμαστε για να λαμβάνουμε τεκμηριωμένες αποφάσεις, να πλοηγούμαστε στην πολυπλοκότητα του κόσμου και να πετυχαίνουμε τους στόχους μας. Όμως η αλήθεια είναι ότι η εκπαίδευση από μόνη της δεν είναι πάντα αρκετή για να ξεπεράσουμε τα πολιτισμικά και ψυχολογικά εμπόδια που μπορεί να εμποδίσουν την πρόοδο και την προσωπική ανάπτυξη.

Ως εκπαιδευτικός στην Κίνα, έχω δει από πρώτο χέρι τις προκλήσεις της εργασίας με μαθητές που είναι ανθεκτικοί στην αλλαγή και την κριτική σκέψη. Πολλοί από αυτούς έχουν ανατραφεί να εκτιμούν την παράδοση και την κουλτούρα πάνω απ' όλα, ακόμη και όταν οι αξίες αυτές διαιωνίζουν επιβλαβείς πρακτικές ή πεποιθήσεις που έχουν εμπεδωθεί στην κουλτούρα από τους κομμουνιστές ηγέτες.

Το ξεπέρασμα αυτής της αντίστασης στην αμφισβήτηση των καθιερωμένων προτύπων, ειδικά στην ομίχλη τυραννικών καθεστώτων, είναι ζωτικής σημασίας αν θέλουμε να προοδεύσουμε και να βελτιώσουμε την ποιότητα ζωής των ατόμων και της κοινωνίας γενικότερα. Αλλά τα εμπόδια στην κριτική σκέψη και την πρόοδο δεν σταματούν εδώ. Ως συγγραφέας, έχω συναντήσει αμέτρητους ανθρώπους που δεν είναι πρόθυμοι να αποδεχτούν την αλήθεια ή να συμμετάσχουν σε ουσιαστικό διάλογο. Συχνά καθοδηγούνται από τις δικές τους προκαταλήψεις, οι οποίες μπορεί να είναι βαθιά ριζωμένες και να είναι δύσκολο να ξεπεραστούν.

Ένας από τους πιο ισχυρούς τρόπους προώθησης της κριτικής σκέψης και της προσωπικής ανάπτυξης είναι η ανάγνωση. Εκθέτοντας τους εαυτούς μας σε διαφορετικές προοπτικές και ιδέες, μπορούμε να αμφισβητήσουμε τις υποθέσεις και τις προκαταλήψεις μας και να μάθουμε για άλλους πολιτισμούς και τρόπους ζωής. Για παράδειγμα, κάποιος που έχει μεγαλώσει σε μια ομοιογενή κοινότητα μπορεί να αποκτήσει μια βαθύτερη κατανόηση του κόσμου και των ανθρώπων σε αυτόν διαβάζοντας βιβλία από διάφορους συγγραφείς και πολιτισμικά υπόβαθρα. Η εκπαίδευση και η κριτική σκέψη, όταν εξετάζονται από αυτή την παγκόσμια και μη θεσμική ή κυβερνητική προοπτική, είναι απαραίτητα εργαλεία αν θέλουμε να ξεπεράσουμε τα πολιτισμικά και ψυχολογικά εμπόδια που εμποδίζουν την προσωπική ανάπτυξη και πρόοδο. Προωθώντας την αυτομόρφωση που δίνει έμφαση στην κριτική σκέψη και καλλιεργώντας μια κουλτούρα διαλόγου και αμοιβαίου σεβασμού, μπορούμε να βρούμε ένα βαθύτερο νόημα στην ύπαρξή μας και να συμβάλουμε σε έναν καλύτερο κόσμο.

Ως ανθρώπινα όντα, έχουμε μια φυσική τάση προς την άγνοια και την προκατάληψη. Οι περιοριστικές πεποιθήσεις έχουν προκαλέσει πολέμους, διακρίσεις και κοινωνική αδικία σε όλη την ιστορία. Η εκπαίδευση θεωρείται συχνά ως το κλειδί για να απελευθερωθούμε από αυτούς τους περιορισμούς, αλλά δεν αρκεί. Η θρησκεία, οι πολιτιστικές παραδόσεις και οι προσωπικές προκαταλήψεις μπορούν να ενισχύσουν τις περιοριστικές πεποιθήσεις. Η άγνοια και η προκατάληψη δεν περιορίζονται στους αμόρφωτους ή τους μειονεκτούντες. Οι προκαταλήψεις και τα στερεότυπα υπάρχουν ακόμη και σε κοινωνίες με υψηλό μορφωτικό επίπεδο.

Η θρησκεία είναι ένα παράδειγμα για το πώς η άγνοια και η προκατάληψη μπορούν να ενισχυθούν. Έχει χρησιμοποιηθεί ως μέσο μαζικού ελέγχου, διαιωνίζοντας πεποιθήσεις που περιορίζουν την ατομική ελευθερία και πρόοδο. Ωστόσο, πρέπει να αναγνωρίσουμε ότι δεν έχουν όλα τα άτομα μιας συγκεκριμένης θρησκείας ή κουλτούρας περιοριστικές και προκατειλημμένες απόψεις. Η αμφισβήτηση των καθιερωμένων προτύπων και πεποιθήσεων είναι μια σταδιακή διαδικασία, αλλά είναι δυνατή. Είναι σημαντικό να καθιστούμε τα άτομα υπεύθυνα για τις πράξεις τους και να αμφισβητούμε τις απόψεις τους επισημαίνοντας τις συνέπειες της άγνοιάς τους.

Η προσωπική ευθύνη είναι ένα κρίσιμο στοιχείο της αμφισβήτησης της άγνοιας και της προκατάληψης. Τα άτομα πρέπει να αναλαμβάνουν την ευθύνη για τη δική τους ανάπτυξη και εξέλιξη, να αναζητούν τη γνώση και την κατανόηση και να προκαλούν τον εαυτό τους και τους άλλους να σκέφτονται κριτικά και να προβληματίζονται σχετικά με τις πεποιθήσεις και τις αξίες τους.

Για να απελευθερωθούμε από τους περιορισμούς των πολιτισμικών και ιστορικών προκαταλήψεών μας, πρέπει να είμαστε πρόθυμοι να αμφισβητήσουμε τις δικές μας πεποιθήσεις και προκαταλήψεις, να αναζητήσουμε τη γνώση και την κατανόηση και να εργαστούμε για έναν πιο δίκαιο και συμπονετικό κόσμο. Με αυτόν τον τρόπο, μπορούμε να οικοδομήσουμε ένα καλύτερο μέλλον για εμάς και για τις επόμενες γενιές. Όλοι λαχταράμε για νόημα, σκοπό και αλήθεια, αλλά η αλήθεια που αναζητούμε βρίσκεται μέσα μας και είναι στο χέρι μας να αξιοποιήσουμε την εσωτερική μας σοφία για να την βρούμε. Το ταξίδι ξεκινά με δύο βασικά στοιχεία: τη σοφία που βρίσκεται στα βιβλία και τη σοφία της φύσης. Αυτές οι δύο πηγές μπορούν να σας οδηγήσουν στο πρόσωπο που θέλετε να γίνετε και να σας βοηθήσουν να βρείτε τη θέση σας σε αυτόν τον κόσμο.

Για παράδειγμα, μπορεί να κάνετε ένα διάλειμμα από τη δουλειά σας, σε ένα βιβλιοπωλείο ή να επισκέπτεστε ένα τοπικό πανεπιστήμιο. Σε τέτοιες στιγμές, μπορείτε να διαβάσετε τυχαίες προτάσεις από βιβλία, χωρίς απαραίτητα να διαβάσετε ολόκληρο το βιβλίο. Αυτή η άσκηση μπορεί να σας βοηθήσει να φυτέψετε σπόρους στο μυαλό σας που θα αρχίσουν να μεγαλώνουν και θα σας βοηθήσουν να οραματιστείτε πιο καθαρά αυτό που θέλετε. Αυτή η μέθοδος ονομάζεται βιβλιομαντεία.

Η φύση, από την άλλη πλευρά, μπορεί να σας εμπνεύσει να βρείτε την εσωτερική σας αλήθεια. Η φύση έχει τη δύναμη να σας συνδέσει με την πηγή όλης της δημιουργίας και να σας εμπνεύσει να ζήσετε μια ζωή με σκοπό.

Κεφάλαιο 29:
Το χρήμα
ως αλτρουιστικό
παιχνίδι

Μόλις συνδεθείτε με την εσωτερική σας σοφία μέσω των βιβλίων και της φύσης, αρχίστε να κρατάτε σημειώσεις. Το να καταγράφετε όσα μαθαίνετε για τον εαυτό σας, τα συναισθήματά σας και τις επιλογές σας είναι σημαντικό, επειδή οι σκέψεις και οι πράξεις σας καθορίζουν το μέλλον σας. Καταγράφοντας τις σκέψεις και τις εμπειρίες σας, θα είστε σε θέση να βλέπετε μοτίβα στη ζωή σας και να παίρνετε καλύτερες αποφάσεις που ευθυγραμμίζονται με την εσωτερική σας αλήθεια.

Να θυμάστε ότι η εύρεση της εσωτερικής σας αλήθειας είναι ένα ταξίδι που απαιτεί υπομονή, διαφάνεια και προθυμία για μάθηση. Και επιτρέψτε στον εαυτό σας να εκπλαγείτε, γιατί πολλά από τα καλύτερα πράγματα στη ζωή είναι απροσδόκητα και μας έρχονται όταν εμπιστευόμαστε και πιστεύουμε ότι είμαστε προορισμένοι για μια καλύτερη ζωή.

Να θυμάστε επίσης ότι η πνευματική άνοδος έρχεται με το παράδοξο να μπορείτε να τη δείτε και να βρείτε τα χρυσά ψήγματα της ζωής στην πορεία, όπως είναι αδύνατον να μην μυρίζετε τα περιττώματα και να μην γνωρίζετε όμως το άρωμα των λουλουδιών. Και τα δύο αποτελέσματα προέρχονται από την ίδια ποιότητα, οπότε καθώς εξελισσόμαστε, αποκτούμε μεγαλύτερη επίγνωση τόσο του καλού όσο και του κακού.

Με τον ίδιο τρόπο, η διαφορά μεταξύ των ανθρώπων γίνεται πιο εμφανής. Μόνο ο ανόητος στερείται διάκρισης.

Στην πορεία, τα χρήματα μπορούν να θεωρηθούν ως ένα καλό παιχνίδι, ειδικά αν τα χρησιμοποιείτε με τρόπο που σας κάνει ευτυχισμένους. Απλά γίνετε όσο το δυνατόν πιο πλούσιοι και στη συνέχεια αγοράστε παιχνίδια για τα παιδιά στα ορφανοτροφεία και τα νοσοκομεία και αφήστε τα εκεί χωρίς να δώσετε εξηγήσεις ή να ζητήσετε τίποτα.

Για παράδειγμα, έχω αγοράσει συχνά ακριβά παιχνίδια για φτωχά παιδιά και απλά τους τα έχω δώσει. Δεν έλεγα τίποτα άλλο εκτός από το: "Ορίστε, είναι δικό σου! Αντίο!".

Την ίδια στάση είχα και όταν πρόσφερα φαγητό σε ζητιάνους. Δεν βιντεοσκόπησα την αλληλεπίδραση ούτε προσπάθησα να τους γνωρίσω. Δεν είχα τον χρόνο. Αλλά το συναίσθημα στην καρδιά μου ήταν μεγάλο σε κάθε μία από αυτές τις καταστάσεις.

Μπορείτε επίσης να αγοράσετε ρούχα και βιβλία. Το θέμα είναι ότι όσο περισσότερο βλέπεις τα χρήματα ως ένα αλτρουιστικό παιχνίδι, τόσο περισσότερο αλλάζει η άποψή σου για τον κόσμο. Και όσο περισσότερο αλλάζει η σκέψη σας, τόσο περισσότερο αλλάζετε την αυτοεκτίμησή σας και την άποψή σας για τη ζωή. Τότε όλα ευθυγραμμίζονται για να μας δείξουν το δρόμο προς τα εμπρός.

Για παράδειγμα, έχω μια ισχυρή αναλυτική ικανότητα που δεν αναπτύχθηκε καν επίτηδες. Είχα μαθησιακές δυσκολίες και ανέπτυξα τις δικές μου τεχνικές για να γίνω πιο έξυπνος, να μάθω πιο γρήγορα και να ξεπεράσω τους περιορισμούς του εκπαιδευτικού συστήματος. Στη συνέχεια, πήρα γρήγορα την αντίθετη κατεύθυνση, πηγαίνοντας από το μηδέν στους καλύτερους βαθμούς της χώρας. Μετά από αυτό, ήθελα να βοηθήσω τα παιδιά, ακόμη και αν δεν μου απέδιδε τίποτα.

Συχνά ένιωθα ότι δούλευα για τα σάντουιτς που έτρωγα κατά τη διάρκεια της ημέρας, επειδή δούλευα τόσο σκληρά και δεν πληρωνόμουν σχεδόν καθόλου. Οι άνθρωποι δεν έβλεπαν την αξία αυτού που έκανα. Όμως η δουλειά βοήθησε αυτά τα παιδιά και με έκανε καλύτερο, πιο ικανό άνθρωπο. Τα υπόλοιπα είναι ένας συνδυασμός πολλών επαγγελματικών εμπειριών.

Δεν έγραψα πολύ για την εκπαίδευση, επειδή η ζωή μου κινούνταν πολύ γρήγορα όταν επικεντρωνόμουν σε πνευματικά θέματα, και τότε παρασύρθηκα και δεν έχασα χρόνο για να εξηγήσω τα γραπτά μου σε όσους δεν είναι ικανοί να τα κατανοήσουν, παρόλο που γνώρισα πολλούς από αυτούς τους ηλίθιους σε θρησκευτικές ομάδες. Πολλές ομάδες έχουν μόνο έναν τίτλο και τίποτε άλλο, τα μέλη τους είναι ηλίθιοι.

Κατέληξα να γίνω συγγραφέας πλήρους απασχόλησης αντί για καθηγητής πανεπιστημίου, αλλά ακόμη και αυτό δεν ήταν προγραμματισμένο. Στην πραγματικότητα, δεν φανταζόμουν ποτέ ότι τα βιβλία μου για την πνευματικότητα θα είχαν τόσο μεγάλο αντίκτυπο στον κόσμο και πολύ περισσότερο από αυτά που έχω γράψει για την εκπαίδευση, τον πλούτο και τη διαχείριση. Πιστεύω όμως ότι όταν η ψυχή μας ευθυγραμμίζεται με την πρόθεσή μας, τα αποτελέσματα πάντα αποδίδουν με κάποιον τρόπο, είτε πρόκειται για ψυχική υγεία, είτε για καλύτερα οικονομικά, είτε απλώς για καλύτερες σχέσεις.

Κεφάλαιο 30: Μαθαίνοντας εν απουσία απαντήσεων

Ο κόσμος εξακολουθεί να είναι σκληρός, γεμάτος υποκρισία, απέραντα οπισθοδρομικός και πολύ εγωιστής, αλλά αποστασιοποιήθηκα όσο μπορούσα, στρέφοντας τη ζωή μου προς το άγνωστο και μαθαίνοντας να αγκαλιάζω το σκοτάδι του να μην έχεις απλώς απαντήσεις.

Είναι αστείο πώς το να μην ξέρεις σε κάνει πιο περίεργο από κάποιον που νομίζει ότι τα ξέρει όλα.

Ως αποτέλεσμα, έμαθα πολλά για τον εαυτό μου και τη φύση του πλανήτη.

Αυτό που είδα στην Ευρώπη, δηλαδή το επίπεδο των διακρίσεων, της άγνοιας και του ρατσισμού, σίγουρα με έκανε να νιώθω λιγότερη ενσυναίσθηση για τους λαούς της και τα δεινά τους ή τους πολλούς πολέμους που έχουν αντιμετωπίσει και σίγουρα θα συνεχίσουν να αντιμετωπίζουν στο μέλλον.

Ίσως αυτά τα βιβλία μπορούν με κάποιον τρόπο να βοηθήσουν στην ανοικοδόμηση της ανθρωπότητας, αλλά όσοι δεν τα διαβάζουν ποτέ δεν γνωρίζουν ότι υπάρχει αυτή η γνώση.

Προσωπικά, θα προτιμούσα να βρίσκομαι κάπου αλλού.

Αυτή τη στιγμή, έχω περισσότερη όρεξη να εγκαταλείψω αυτόν τον πλανήτη παρά να ταξιδέψω γύρω του. Δεν είναι ενδιαφέρον να συμμετέχω σε ένα σενάριο όπου η πλειοψηφία είναι ψυχωτική.

Ωστόσο, είναι σίγουρα δυνατό να βελτιωθούμε και να βρούμε παντού αναλαμπές χαράς, ειδικά στις στιγμές που δημιουργούμε για τον εαυτό μας και τους άλλους.

Αίτημα αναθεώρησης βιβλίου

Aγαπητέ αναγνώστη,

Σας ευχαριστούμε που αγοράσατε αυτό το βιβλίο! Θα ήθελα πολύ να ακούσω νέα σας. Η συγγραφή μιας βιβλιοκριτικής μας βοηθά να κατανοήσουμε τους αναγνώστες μας και επηρεάζει επίσης τις αποφάσεις αγοράς άλλων αναγνωστών. Η γνώμη σας είναι σημαντική. Παρακαλώ γράψτε μια κριτική βιβλίου! Η καλοσύνη σας εκτιμάται πολύ!

Σχετικά με τον συγγραφέα

Ο Dan Desmarques είναι ένας διάσημος συγγραφέας με αξιοσημείωτη πορεία στον κόσμο της λογοτεχνίας. Με ένα εντυπωσιακό χαρτοφυλάκιο 28 μπεστ σέλερ στο Amazon, συμπεριλαμβανομένων οκτώ #1 μπεστ σέλερ, ο Dan είναι μια αξιοσέβαστη προσωπικότητα στον κλάδο. Αξιοποιώντας το υπόβαθρό του ως καθηγητής πανεπιστημίου ακαδημαϊκής και δημιουργικής γραφής, καθώς και την εμπειρία του ως έμπειρος σύμβουλος επιχειρήσεων, ο Dan προσφέρει έναν μοναδικό συνδυασμό τεχνογνωσίας στο έργο του. Οι βαθιές ιδέες του και το μεταμορφωτικό του περιεχόμενο απευθύνονται σε ένα ευρύ κοινό, καλύπτοντας θέματα τόσο διαφορετικά όσο η προσωπική ανάπτυξη, η επιτυχία, η πνευματικότητα και το βαθύτερο νόημα της ζωής. Μέσα από τα γραπτά του, ο Dan ενδυναμώνει τους αναγνώστες να απελευθερωθούν από τους περιορισμούς, να απελευθερώσουν το εσωτερικό τους δυναμικό και να ξεκινήσουν ένα ταξίδι αυτογνωσίας και μεταμόρφωσης. Σε μια ανταγωνιστική αγορά αυτοβοήθειας, το εξαιρετικό ταλέντο και οι εμπνευσμένες ιστορίες του Dan τον κάνουν να ξεχωρίζει ως συγγραφέα, παρακινώντας τους αναγνώστες να ασχοληθούν με τα βιβλία του και να ξεκινήσουν ένα μονοπάτι προσωπικής ανάπτυξης και διαφώτισης.

Επίσης γραμμένο από τον συγγραφέα

Desmarques

rong